本书系全国教育科学"十三五"规划2016年度单位资助教育部规划课题
"幼儿园运动区域活动资源的开发与利用研究"（课题批准号：FHB160541）成果

花样民游

——幼儿园民间传统游戏的创新与指导

主　编　刘　娟

副主编　段　蓉

编　委　彭思怡　刘　璐　秦　枫　龙晓玲

　　　　朱小龙　申　喻　黎　玲

北京师范大学出版集团
BEIJING NORMAL UNIVERSITY PUBLISHING GROUP
北京师范大学出版社

图书在版编目（CIP）数据

花样民游：幼儿园民间传统游戏的创新与指导 / 刘娟
主编. —北京：北京师范大学出版社，2019.5（2025.1重印）
（中华优秀传统文化走进幼儿园教师指导丛书）
ISBN 978-7-303-24635-9

Ⅰ．①花… Ⅱ．①刘… Ⅲ．①游戏课－学前教育－
教学参考资料 Ⅳ．①G613.7

中国版本图书馆CIP数据核字（2019）第070349号

HUA YANG MIN YOU

出版发行：北京师范大学出版社 https://www.bnupg.com
　　　　　北京市西城区新街口外大街12-3号
　　　　　邮政编码：100088
印　　刷：唐山玺诚印务有限公司
经　　销：全国新华书店
开　　本：787 mm × 1092 mm　1/16
印　　张：18.75
字　　数：340千字
版　　次：2019年5月第1版
印　　次：2025年1月第4次印刷
定　　价：68.00元

策划编辑：于晓晴　　　责任编辑：陈佳宵
美术编辑：焦　丽　　　装帧设计：锋尚设计
责任校对：段立超　　　责任印制：赵　龙

忆起童年，脑海里总会浮现出和同伴一起玩耍的情景：翻花绳、滚铁环、捉迷藏、踢毽子……童年，因为这些民间传统游戏，更加丰富，让人回味无穷。民间传统游戏是人类智慧的结晶，源于民间，贴近儿童的生活实际，深受儿童的喜爱。

民间传统游戏在广大人民生活中广泛流传，实质是一种民族文化符号和民族生命力的显现。它的文化魅力在于通过其内在价值和游戏样式使人们认识自己民族的文化符号，加深民族认同感。中国民间传统游戏经历了时间的洗礼，是很宝贵的文化遗产。挖掘及传承这些具有人文价值的民间传统游戏，对发扬中华民族优秀的传统文化具有现实意义。

本书是我园多年来探索将民间游戏融入幼儿园课程的研究成果，从理论和实践层面对幼儿园民间传统游戏的传承与创新进行了深入的阐述：上篇"对幼儿园民间传统游戏的思考"为理论篇，主要探讨了民间传统游戏的内涵、特点及教育价值，以及民间传统游戏在幼儿园的传承、创新与发展的问题，并广泛收集、整理了许多在全国各地流传甚广的民间游戏素材，供幼教工作者选用；下篇"对幼儿园民间传统游戏的运用"为实践篇，以幼儿园一日活动为载体，以各年龄班幼儿学习与发展的特点为依据，列举了语言类、运动类、智力类、艺术类四类民间传统游戏在幼儿园各个活动环节的创新案例，力图为幼教工作者传承和创新民间传统游戏提供参考借鉴。对于使用本书有以下四点建议。

1. 民间传统游戏的实施需因地制宜

民间传统游戏大多与参与者的生活关系密切，代表了地域的文化特色，具有较强的地域色彩。此书在进行资源选择时考虑了我国地大物博、幅员辽阔、民间传统游戏种类繁多的特点，选用了东、南、西、北、中各地的民间游戏内容，涵盖广泛。因此，在选用民间传统游戏的过程中，老师们应关注到地域的差异，选择与本地相适宜的游戏，这样更能引起幼儿的共鸣。老师在参考、借鉴本书中提供的游戏方案时，还应根据自身的条件，充分利用园所空间，结合户外活动场地、活动室、寝室、阳台、走廊等空间，因地制宜地开展各类游戏活动。

2．民间传统游戏可贯穿于幼儿一日活动中

民间传统游戏形式灵活、短小精悍，不受时间、场地、器材的限制，运用在幼儿一日活动中对提升一日活动质量起到了积极的作用。儿童民间传统游戏的实施可将游戏与教学有效整合，渗透在幼儿园日常生活中，具体方式有：在集体教学活动中实施、在区域活动中延伸、结合户外活动开展、在幼儿餐前饭后零散时段渗透、在家园亲子活动中融合等。例如，晨间可以开展各种体育游戏，让幼儿在运动中开启一天的生活；餐前饭后在走廊和楼梯旁进行翻绳、下棋等安静的游戏，让幼儿多一些自己的空间；集体活动中补充益智游戏、语言游戏、音乐游戏、民间手工制作游戏等内容，让幼儿多一些趣味感知；户外活动可以玩区域游戏，让幼儿多一些快乐的体验。灵活使用民间传统游戏，可使活动形式、活动内容丰富起来，提升一日活动的质量。

3．民间传统游戏的实施需创新思维

幼儿园在选用民间游戏时，要取其精华，古法新玩，在内容上、在形式上尝试创新。可在内容上对其进行整合与创新，运用组合法、拓展法、发散引导法；可在玩法与规则上对其进行改编，增加民间游戏的吸引力；可对传统玩具材料进行改造，变废为宝；可在形式上予以创新，增强趣味性。教师在开展民间游戏活动时，应及时调整，及时改造，使民间游戏的内容与当代幼儿的生活相适应，使传统游戏焕发新的光彩。

4．民间传统游戏的开展可借鉴鲜活的案例

为了便于读者学习与理解，本书在各个章节都附上了相应的图片，尽量

做到图文并茂、便于操作，部分创新的游戏玩法附有视频，扫描二维码即可观看。

　　这是一本理论结合实际、传承结合创新的书，旨在将那些经典的民间传统游戏带回儿童的日常生活之中，使孩子们在兴致勃勃的玩耍嬉戏中体验中华优秀传统文化的魅力。

　　在编写的过程中，我们参考了一些前辈和同行的研究成果，在此深表感谢！由于编写者水平和能力有限，在内容和文字上难免纰漏，敬请广大读者多多批评指正！

2018年6月

目录

上篇

对幼儿园民间传统游戏的思考

第一章
民间传统游戏概述

章前导读

　　对于童年时代，印象最深刻的就是一有时间便和邻居小伙伴们在空气新鲜、阳光充足的空地上、院子里玩踢毽子、跳房子、捡棋子的游戏，这些风格迥异的游戏具有浓厚的生活气息，流行于少年儿童中间，也是节日里成年人的娱乐节目。有些游戏项目在发展中逐渐完备，最后成为竞技项目或杂技艺术。

图 1-1　彩虹伞

第一节 民间传统游戏的内涵

民间传统游戏的亲切感总是与朗朗的笑声和浓浓的乡情融在一起，不论是斗百草、放风筝、骑竹马、荡秋千、捉迷藏、斗蟋蟀，还是跳房子、跳绳、拔河、赛龙舟、摔跤、下土棋，等等，几乎每个人都能津津有味地说出许多许多。它们在许多人的脑海中留下了属于童年的美好回忆。

一、民间传统游戏的概念界定

关于民间传统游戏的定义，不同学者从不同的方面都有阐述，仁者见仁、智者见智。乌丙安先生认为：民间游戏，是指流传于广大人民生活中的嬉戏娱乐活动，俗称"玩耍"。游戏是游艺民俗中最常见、最普遍和最有趣的娱乐活动之一。朱淑君在《民间游戏》中提出，民间游戏是产生流传于人民群众中，主要是青少年儿童日常生活中，具有一定形式、规则、内容，又可因时因地发展变化的，以玩耍为目的的小型嬉戏娱乐活动。陈连山在《游戏》一书中也提出了自己对民间游戏的定义：那些在广大民众中广泛流行，并且成为代代传承的文化传统的游戏。他强调民间游戏的参加者至少有两个，所以游戏通常都有着独特的规则及稳定的表现形式。

这些对民间游戏不同的文字表述、对民间游戏的认识是存在共同点的：第一，民间游戏具有传统性，产生于现实生活中；第二，民间游戏具有娱乐性；第三，民间游戏传播的媒介是人；第四，民间游戏具有规则性。从中我们可以看出，民间传统游戏是一种代代相传、源远流长的游戏形式。

综合前人的观点，本书将民间传统游戏定义为：产生于生产生活，流传多年的、广大人民群众喜闻乐见的、最普遍的、最有趣味的活动，包括流传于人们日常生活中的一切娱乐、嬉戏、玩耍、兴趣、玩偶、表演、观赏、爱好、学作、竞技等活动形式。游戏应不仅具备娱乐功能，更有促成长、健脑、启智的作用，有利于培养儿童坚强、勇敢、不怕困难的意志品质和主动、乐观、合作的态度，具有促进德、智、体、美综合发展的深远意义。

二、民间传统游戏的内涵阐释

（一）民间传统游戏是文化传承的载体

民间传统游戏是中华优秀传统文化的重要组成部分，其生活气息十分浓烈，地方文化特色也相对鲜明，反映了当地的民俗文化。民间游戏的传承主要通过游戏者来实现。民间游戏在广大人民生活中广泛流传，实质是一种民族文化符号和民族生命力的显现方式，是民族文化中的极为典型的生活现象和文化行为，其发展和变化能够折射出人类历史文化发展的状况和精神面貌。民间传统游戏经过一代又一代人的传承与发展，积淀了丰富的文化底蕴，折射出民族的精神风貌和生活趣味，是特定民族和地域人民文化的一种载体。民间传统游戏的文化魅力在于通过其内在价值和游戏样式使人们认识自己民族的文化符号，加深民族认同感，增强个体和群体的内在凝聚力，促进社会的整合及和谐发展。中国民间传统游戏经历了几千年的传承演变，一部分因丧失其赖以存活的传统文化根基而归于消亡，但很多游戏则经过时间的洗礼，一直延续传承到今天，是很宝贵的文化遗产。挖掘及传承这些具有人文价值的民间传统游戏，对发扬中华民族优秀的传统文化具有现实意义。

（二）民间传统游戏是儿童精神生活的家园

民间传统游戏来自儿童的生活，贴近儿童的生活，能满足不同性别、年龄和性格儿童的需求，因而受到广大儿童的深深喜爱。它具有鲜明的民族特色和地方特点，蕴含丰富的民族文化，是民间文化的一种载体和形式。民间传统游戏往往是孩子们自己的游戏活动，易学、易会、易传。儿童游戏最重要的价值及给我们最重要的启示是一种游戏精神的体现和表达。民间传统游戏给儿童带来轻松愉悦的体验，在游戏过程中，儿童认识和学习了本民族的历史和文化传统，在潜移默化中受到自身民族文化的感染和熏陶。游戏精神对于人类个体的成长，尤其是社会化的发展、民族共同体的发展乃至于人类未来的发展都具有十分重要的意义。从这个意义上说，民间传统游戏所蕴含的独特文化特质可以培养和发展儿童的游戏精神，有利于促进儿童的成长和发展，培养儿童健全的人格。

资料链接

名家名言

1. 童孙未解供耕织，也傍桑阴学种瓜。 ——《四时田园杂兴》范成大
2. 我们应该利用最简单最有趣的游戏，为了教会儿童掌握自己动作的本领。
   ——列斯加夫特
3. 游戏是小孩子的"工作"。 ——莎士比亚
4. 游戏是儿童最正当的行为，玩具是儿童的天使。 ——鲁迅
5. 儿童散学归来早，忙趁东风放纸鸢。 ——《村居》高鼎

第二节 民间传统游戏的特点

民间传统游戏在产生、发展、内容和形式上具有一些独特之处，正是它的这些特点，使它在灿若星辰的历史文化长河中熠熠生辉。

一、分布广泛，各具特色

民间传统游戏作为地方民间文化的重要组成部分，不同程度地孕育并扎根于一定地域中，具有明显的地域特色，主要表现在以下方面。

一是不同的地方会因其独特的自然或人文环境而形成一些特有的民间游戏，比如傣族人在泼水节时会开展"泼水"游戏；湖南人民为了纪念爱国诗人屈原会在端午节期间举办"赛龙舟"的竞技性活动；在一些盛产竹子的地区，人们开发了许多独具竹韵的民间游戏，如"竹竿舞"、"滚竹筒"等。

二是同一种民间游戏也会因不同地方的自然、人文环境和社会环境的差异而发生不同程度的异化。例如，民间游戏"老鹰捉小鸡"，在汉族和彝族地区的玩法、规则就是大相径庭的。汉族儿童在"玩老鹰捉小鸡"时，"鸡妈妈"和"小鸡"都处于被动的防御地位，但彝族儿童玩此游戏时，"鸡"可以反过来主动攻击"老鹰"，"老鹰"一旦被"鸡妈妈"抓住，小鸡们可以围拢起来做"啄鹰肉"的动作。

三是民间传统游戏大多融合了当地的方言，反映了当地人的日常生活。尤其是语言类民间传统游戏中的许多童谣、儿歌都是用方言来表现的，如湖南长沙方言表现的童谣游戏《月亮粑粑》：月亮粑粑，"肚里坐个爹爹（读作dia，第一声，表示爷爷的意思），爹爹出来买菜，肚里坐个奶奶，奶奶出来绣花，绣杂（长沙话里'只'、'个'的意思）糍粑，糍粑跌得井里，变杂蛤蟆，蛤蟆伸脚，变杂喜鹊，喜鹊上树，变杂斑鸠，斑鸠咕咕咕，和尚恰（吃）豆腐！"语言真切，节奏明快，凸显长沙人民的文化特色。

当然，民间传统游戏在彰显地域文化特征的同时，也兼具普遍性。有些游戏虽然是从独特的地域文化中孕育而成，但随着不同地域间的文化、经济等各方面

图1-2 老鹰捉小鸡1

图1-3 老鹰捉小鸡2

交流的开展，会慢慢地向其他地区扩展。尤其是那些游戏材料比较简单、广泛存在的民间游戏（如"丢沙包"、"跳绳"、"拔河"等），以及无材料投入的游戏（如"老狼老狼几点了"、"点兵点将"、"捉迷藏"等），更因对特定地域环境、资源的依赖性较弱，而在各地广泛传播，获得了儿童的普遍喜欢。

二、源自生活，趣味盎然

民间传统游戏来源于民间，来源于生活，因此游戏本身具有浓郁的生活气息。人们会将日常生活中劳动的情节、尊老爱幼等良好行为习惯融入游戏过程中，让游戏更贴近儿童生活，帮助儿童在轻松、有趣的游戏过程中丰富和拓展生活经验、获取知识并增长各方面的能力。比如在小班幼儿最常玩的"过家家"游戏中，幼儿协商角色分工，通过联系生活中的一些细节，如爸爸开车上班，妈妈炒菜做饭，宝宝看书、玩玩具等，进行模仿游戏，既锻炼了幼儿的生活自理能力，也升华了与家人互助互爱的感情。

趣味性是游戏的生命，兴趣是儿童创造力和想象力的源泉。民间传统游戏之所以能代代相传、经久不衰，最重要的原因之一就在于它既源于民间生活，又具有很强的趣味性和娱乐性，符合儿童好动、好奇的特点，顺应了他们的天性。在轻松、愉悦的游戏过程中，儿童是积极主动的，他们可以自由选择材料，可以自行结伴和组织，可以自己拟定和改变游戏规则，自主地控制游戏的进程，尽情地享受游戏的欢乐。许多游戏还伴有朗朗上口的儿歌、童谣及有规律的节奏，比如"炒豆豆"的游戏，儿童自由选择玩伴手拉手合作炒豆豆，边游戏边吟唱，乐在其中。

三、内容丰富，材料简单

民间传统游戏的内容丰富多彩，包罗万象。从游戏类别来看，包括了语言类民间传统游戏、运动类民间传统游戏、智力类民间传统游戏和艺术类民间传统游戏。以运动类民间传统游戏为例，"踩影子"、"丢沙包"、"踢毽子"、"跳房子"、"打纸板"、"跳绳"等游戏可以发展儿童走、跑、跳、投掷、平衡、躲闪等涉及大肌肉的运动能力，"石头剪刀布"、"翻花绳"、"挑小棍"等游戏可以发展儿童手的小肌肉群的活动能力和手眼协调能力。丰富的游戏内容开

图1-4　石头剪刀布

拓了一片欢乐的游戏天地，让儿童的生活由此变得多姿多彩。

　　民间传统游戏往往就地取材，因地制宜。游戏中所利用的一些材料或玩具，一般都是来自日常生活中的废旧物品、自然材料及半成品，如水、沙、石、纸、棒等，简便易得，经济实惠，却能让游戏妙趣横生，让儿童玩得不亦乐乎。这些材料没有固定形式的限制，幼儿在游戏中能根据自己的兴趣和需要，对玩具材料进行创造性想象或操作。还有一些民间传统游戏是徒手开展的，只需要利用现有的场地、自然环境、身体的某些部位就可以进行，无须材料辅助，如"手影戏"、"木头人"等。

四、形式灵活，随机开展

　　游戏的玩法和形式灵活多变，绝大部分没有复杂规则，游戏参与者可以根据场地、器材、人数临时决定，操作方便，幼儿可以充分发挥主动性和想象力。比如，"丢沙包"游戏可以一人玩、两人玩或三人玩。玩法一：一人玩，幼儿自抛自接沙包或用沙包投篮；玩法二：两人玩，幼儿两人一组一个沙包，一人抛一人接，可以用手抛或双脚夹着跳；玩法三：多人玩，两名幼儿在场地两头当投掷沙包的人，其余人站在中间当"捕手"，用手努力接住"投手"扔过来的沙包，如果"捕手"被沙包打中则暂停游戏一次，若能用手接住"投手"扔过来的沙包，就能与其互换角色，或选择"救"一个被停玩的人，继续游戏。

　　大多数民间传统游戏的开展不需要严密的组织，不苛求场地的规范和豪华，不要求严格的整段时间，不管何时何地，只要儿童有兴趣，想要玩、愿意玩，哪怕只是闲暇的一小段时间，在简陋的场地上他们亦可三五成群地自由玩耍，自娱自乐，在游戏中交往，快乐成长。

资料链接

　　大班户外运动游戏：旱地龙舟

　　游戏目标：锻炼蹲跳前行及手部力量，增强集体合作意识。

　　游戏准备：长凳两张、鼓和鼓槌。

　　游戏玩法：将长凳摆放在场地的起点线上，离起点10米处摆放鼓和鼓槌。将幼儿分成人数相等的两组（每组不超过4个人），幼儿前后相隔15厘米坐在长凳上，双腿在长凳两侧，齐心协力抬着长凳做划龙舟状蹲跳前行，"龙舟"先到的组敲响鼓则为胜。

图1-5　旱地龙舟

扫码观看游戏视频

第三节　民间传统游戏的教育价值

　　作为一种儿童感兴趣的游戏形式，民间游戏对于儿童成长具有多方面的教育价值。民间传统游戏不仅对儿童身体发育大有裨益，而且为儿童心理品质的发展提供了有效的载体和宽阔的平台。民间传统游戏的教育意蕴不仅体现在促进儿童身心各方面发展上，还有助于培养儿童对本土文化的认同感。

一、民间传统游戏有助于幼儿身体的发展

3~6岁是幼儿身体发展最为迅速的时期，幼儿民间游戏特别是民间体育游戏，符合幼儿好动的特点，可以激发幼儿参与游戏的兴趣，从而发展幼儿的基本动作，为幼儿运动能力的提高和身体的发展奠定良好的基础。许多民间体育游戏都离不开跑、跳等动作，让幼儿在玩中锻炼了灵敏性、平衡协调能力和肌肉力量，同时加强了幼儿体质训练和体能锻炼，促进了幼儿身体的健康发展。另外，幼儿可以随时利用空闲时间和一定的空间进行民间体育游戏，具有较大的灵活性和随机性，幼儿活动的总量得以保证。利用民间游戏还可以使幼儿的身体器官得到发育，促使幼儿的力量、速度得到增强和提高，也在一定程度上锻炼了幼儿的耐力，促进了幼儿身体的发育，提高了儿童的体能。这是民间传统游戏在幼儿身体发展方面的重要功能和价值。

二、民间传统游戏有助于幼儿智力的发展

集各种动作、有趣的语言和开放的思维等方面于一体的民间传统游戏，在幼儿智力发展方面有积极的作用和影响。首先，民间传统游戏的开展有利于提高幼儿的知识水平和扩大幼儿的视野。随着民间传统游戏的开展，幼儿的生活知识和社会知识得到丰富，学习能力和技巧得到发展，可以更好地感知和认识现实生活。从这个意义上说，民间传统游戏是幼儿认识世界的途径之一。

其次，民间传统游戏有助于幼儿语言能力发展和提高。尤其是一些伴随着朗朗上口的民谣一起进行的民间游戏，更给幼儿带来了无穷的乐趣。如果能将一些节奏明快、旋律优美的民谣运用到课程教学实践中，则能更有效地调动幼儿的积极性，吸引幼儿。在民谣的说说唱唱中，幼儿的词汇得到丰富，感知能力也增强了，语言表达能力随之也得到了提高。如为了让幼儿了解几月份开何种花，教师可以选择"荷花荷花几时开"等民谣作为素材，这样的民间歌谣具有游戏的性质，幼儿在一问一答的游戏过程提高了学习的积极性，了解和学习了一些基本的

科学常识，同时也激发了幼儿探索和认识大自然的兴趣，语言表达能力也有一定程度的提升。

最后，有些民间游戏可以锻炼幼儿的观察力和注意力，培养幼儿空间想象力和形象思维力，有些民间游戏还能培养幼儿的动手能力和创造能力。如挑小棒和翻绳是发展幼儿手部精细动作和手眼协调能力的民间游戏，此两种游戏在进行过程中，通过游戏任务赋予和游戏规则的制定，使得幼儿的注意力和对空间与形状的差异辨别能力得到锻炼。再如传统游戏中的"编草席"，幼儿通过对草、芦苇秆和树枝等材料特性的感知，在不断尝试和反复探索的过程中不断获得造型和表征技巧，其动手能力和创造力得到锻炼。"丢手绢"的游戏考验的是幼儿的反应速度，同时在判断同伴是否将手绢丢在自己身后的过程中幼儿的专注能力得到锻炼。

三、民间传统游戏有助于幼儿良好品质和健全人格的培养

民间传统游戏有助于幼儿良好心理品质的形成。许多民间传统游戏有一定的规则，因而带有竞争的性质，这就使幼儿在游戏中有可能成功也有可能失败。当幼儿在游戏中获得成功，幼儿感到喜悦，体会到成功的成就感和满足感，增强了自身的自信心。幼儿在游戏中面临失败会受到打击，游戏带来的挫败感也会影响幼儿的情绪。他们有的会暂时停止游戏，但幼儿都希望自己最后能够在游戏中获得成功，在这样的心理状态的驱使下和丰富有趣的游戏的吸引下，多数幼儿会自觉分析自己的不足和弱点并加以克服，遵循规则，继续参与到游戏当中。如在"捉迷藏"等民间游戏中，每个幼儿都有面临失败的可能，但一般都能在不安中继续参加游戏，由此，幼儿承受挫折、失败的能力得到锻炼和提高，并在游戏的过程中学会了自我控制，提高了自我评价的能力。同时，幼儿活泼开朗的性格也在游戏中逐步形成。

民间传统游戏有助于幼儿积极情绪的发展。在自然的民间游戏过程中，幼儿情绪放松，敢于大声说笑，大方地表现，大胆地想象，自娱自乐。民间游戏

的娱乐性让幼儿在游戏中充分释放自我，从这个意义上说，民间传统游戏有助于幼儿积极的情绪、情感的发展，有助于幼儿良好个性心理的发展，有助于幼儿形成良好的品德和坚强的意志品质，从而促进幼儿社会交往能力的发展。

民间传统游戏有助于幼儿亲社会行为习惯的培养。在民间游戏中，幼儿学会与其他幼儿共同协商解决问题，培养和发展了合作精神和合作能力。民间游戏一般需要至少两名儿童合作才能顺利进行，如"老鹰捉小鸡"、"捉迷藏"等游戏都需要多人参加和互动。幼儿在共同游戏的过程中，通过相互模仿，学着协调处理矛盾，学习如何控制自己的情绪、调整自己的行为及解决人际关系争端，学习如何与别人友好的相处等，良好的心理品质得到发展，乐于助人、分享和合作等一些亲社会行为得到发展。

四、民间传统游戏有助于幼儿文化认同感的培养

民间传统游戏蕴含着丰富的民族文化，使得民族独特的文化符号系统在各民族中得以流传，民族文化得以传承。幼儿在开展民间游戏的过程中，了解生活，亲近生活，感受当地的民俗氛围，潜移默化地认识和接受民间游戏传达出的观念，从而建立起幼儿对本民族文化初步的认同感。另外，民间传统游戏有助于促进和改善亲子关系，增进亲子感情；有助于促进幼儿感受美和表现美的能力发展，提高幼儿的艺术修养。

民间传统游戏是当地民间文化的高度浓缩，体现着当地人民的生活百态，具有明显的地方性，是对历史文化的传承，也是我们国家非物质文化遗产的一部分，折射出地域及民族的行为、思维、感情和交流模式。因此，在幼儿园开展民间传统游戏，不仅可以让幼儿体验到游戏的快乐，还可以引导幼儿了解和传承本民族文化，幼儿在玩耍的过程中自然地认识了本地的习俗和生活习惯，自然地接纳了自己的家乡。在这一过程中，民间传统游戏的开展促进了幼儿热爱家乡的情感的形成，也促进了幼儿民族情感和文化认同感的形成。

延伸阅读

1. 《中国传统游戏研究：游戏与教育关系的历史解读》，李屏著，山西教育出版社，2012年版。

   该书从教育的视野对中国传统游戏做了历史研究。一方面，对游戏的发展阶段进行了分期论述，考察了游戏的起源及发展过程，并分析了教育在游戏发展中的作用，勾画出我国传统游戏的发展史；另一方面，论述和分析了我国历代教育家的游戏观，清晰地阐释了游戏在传统教育中地位的变迁。

2. 《中华传统文化经典：民间游戏》，余志慧编写，黄山出版社，2012年版。

   该书运用生动朴实的语言详尽地介绍了我国的民间游戏，涉及儿童游戏、玩具游戏、杂艺游戏等方面，集趣味性、知识性与文化性于一体。

第二章
幼儿园对民间传统游戏的传承与发展

章前导读

　　民间传统游戏是在劳动人民的生产和生活中广泛流传的，在历史的积淀中经受时间和实践不断检验而日渐形成的具有传承性、具有鲜明的地方特色的游戏活动。民间传统游戏蕴含着丰富的文化内涵和深厚的教育智慧，是幼儿园开展教育教学活动的珍贵资源，也是促进幼儿社会化发展的精神食粮。幼儿园民间传统游戏是民间传统游戏在幼儿园的一种存在形态，由于其自身的突出特点，使教育与幼儿真实、鲜活的成长和生活状态紧密相连，妥善地传承和发展民间传统游戏，对幼儿身体、心理等各方面的发展及良好品德、创新能力的培养，具有重要的价值和意义。

图 2-1　丢手绢

第一节　关于幼儿园传承民间传统游戏的思考

中国民间传统游戏默默地承担着传承民族文化的功能，在幼儿园开展民间传统游戏，不仅能使幼儿感受本地和本民族的传统文化和精神，还可以让幼儿切身体会和感知本土文化的魅力和乐趣。幼儿在玩中亲近生活，通过对日常所见的人物行为、习俗等的反复观察模仿，在心理上产生亲切感，更加愿意主动地了解和传承本地、本民族文化。可见，幼儿园开展民间传统游戏对于幼儿的知识增长、能力发展及品格培养，尤其是社会性的发展有着至关重要的意义和教育价值。

一、幼儿园传承民间传统游戏的现况

一直以来，中国民间传统文化就是中华民族文化的一个重要组成部分，而民间传统文化中的很多内容是以民间传统游戏的形式流传和保存的。因此，民间传统游戏的传承和发展对于继承和发展中华民族文化具有极其重要的意义。民间传统游戏渗透于各种民俗文化生活之中，是我们生活的一部分。几乎所有人的童年生活都是在游戏的伴随下度过的，人们在游戏中发现，在游戏中成长，在游戏中追求，在游戏中不断认识周围世界，在游戏中逐渐体验自我实现。民间传统游戏将传统文化与幼儿的生活紧紧相连，是幼儿园教育活动不可多得的宝贵教育资源。但是，自我国改革开放以来，随着科技进步、社会变迁、教育压力、独生子女政策及对民间儿童游戏认识上的偏差等主客观因素的出现，民间传统游戏遭受较大的冲击。很多幼儿经常接触的是外来的教育理念和玩具，如蒙台梭利教具、变形金刚、芭比娃娃等，中国最传统的七巧板、跳皮筋、翻绳、跳格子等游戏反而显得与这个时代格格不入，正一步步地淡出孩子们的视野。而以往"人与人"的互动模式也受到"人与机"的互动模式的极大影响。在幼儿园，我们较少看见专门的民间传统游戏材料，"多种多样"的现代玩具充斥着每个班级的活动室乃至整个幼儿园。孩子们的玩耍更多地以大型组合器械为主，同伴、朋友间一起跳皮筋、踢毽子、玩老鹰捉小鸡的场景好像已经成为大人们的童年回忆。

近来，出现了一种更令人担忧的现象，游戏已经逐渐地淡出了幼儿的生活，在幼儿的世界中，游戏早已被边缘化。很多幼儿的父母抱着"望子成龙、望女成凤"的心态，特别担忧自己的孩子会"输在起跑线上"，担心孩子"玩物丧志"。所以他们更多关注的是幼儿的知识学习和智力发展，他们更希望甚至要求幼儿园可以向幼儿传授知识而不是带领幼儿玩游戏。一些幼儿园为了"迎合"家长的需求，本着"以教学为中心、教师为中心、教材为中心"的原则开展各种活动，久而久之，幼儿教师便逐渐忽视了游戏的重要性，也逐渐忘记了游戏才是幼儿园教育的基本活动。这样的观念使得游戏在幼儿园的地位被逐渐弱化甚至取代，更不要说那些带给我们童年最美好记忆的民间传统游戏了。大环境下的现况便是，由于受经济、社会、家长等多方面因素的影响，幼儿园教育活动中民间传统游戏的缺席情况日益加剧，这意味着那些传统、优秀的文化可能随着时代的变迁、生活的改变而逐渐地流失，那些宝贵的教育资源会慢慢成为图书馆里的珍藏品被永久储存，而非生活的一部分。这样的现况不禁使得身为教育工作者的我们要问："现在孩子们真的不需要民间传统游戏吗？"，"难道民间传统游戏只属于过去的年代？"，"没有了民间游戏，孩子们的生活不会有缺憾吗？"

二、关于幼儿园传承民间传统游戏的理性思考

从民间传统游戏产生与发展的悠久历程可以看出，民间传统游戏在人们生活中扮演着重要的角色，是我国民族文化的组成部分，传承和发展民间传统游戏对继承和发展我国优秀传统文化具有不可替代的重要意义。而幼儿园是传播文化的重要场所之一，学前教育阶段也是弘扬优秀传统文化的重要阶段，在幼儿园内传承和发展民间传统游戏对幼儿身体、认知、人格、社会性的发展，以及幼儿与自然关系的和谐发展具有深远的意义。

　　幼儿园教育是整个教育体系基础的基础，其与民族文化的传承和发展有着密不可分的联系。民族文化不仅决定了个体的发展方向，也决定了培养人的教育机构的发展方向。教育必须完成把儿童培养成合格的社会成员，使其继承所在国家的传统文化这样一个基本目标。民间传统游戏作为传统文化的一部分，有其独有的特点及价值，同时它也赋予儿童成长多重价值，对于很好地弥补当前幼儿园课程体系内在的缺陷，对于更好地开展幼儿园的教育教学有着独特的意义。而且，民间传统游戏可以增强幼儿的规则意识，可以扩充和丰富园本课程，使幼儿一日生活的安排更加合理化，同时民间传统的游戏材料也可以丰富幼儿园的游戏器械。

　　基于上述种种，越来越多的学者看到并开始关注在幼儿园传承民间传统游戏的重要性及其带来的教育价值。但人们对于幼儿园传承民间传统游戏的认识仍然只停留于笼统的口头表达和简单书面的理解。一些教育工作者认为，随意地在幼儿园组织几种常见的民间传统游戏便可以称为传承。但实际上，这仅仅只是在幼儿园内"开展了民间传统游戏"，并没有深入地了解和分析民间传统游戏本身在幼儿园里实际的适用程度和运用效果。要想实现真正意义上的传承，深入了解是第一步，这个了解包括两个方面，一是对本园软硬件设施及幼儿的了解；二是对当地民间传统游戏的了解。收集分析是第二步，通过多种途径对当地民间传统游戏进行系统地收集和整理，选出适合幼儿玩耍的游戏。灵活运用是第三步，如何将好的民间传统游戏与本园教育活动相结合，如何在一日活动各环节中开展此类游戏，需要本园教师因地制宜，合理、灵活地运用和实施。

第二节　幼儿园发展民间传统游戏的原则

　　儿童的世界蕴藏着儿童文化。游戏是最能反映儿童精神世界的文化形态。在一定意义上，幼儿园引进传统民间游戏，是对儿童文化的一种延续，同时又是在创造幼儿园文化。因为游戏是幼儿园教育的基本形式，游戏文化必然是幼儿园文化的核心成分。几千年的历史文化积淀，使民间传统游戏在人类社会的发展进程中不断地传承和发展，但并不意味着这些游戏一定全部适合当下幼儿的发展需求和教育的发展要求。随着社会的变迁和时代的发展，有一些民间传统游戏已不能满足儿童的发展需求。那些精心挑选出来的民间传统游戏，有些可能已经很完善，可以直接融入幼儿园课程，让幼儿直接感知并亲身体验；还有一些游戏可能因为材料、场地等方面的限制需要教师结合现状适当调整，使游戏更具创新性和发展性，更加适合幼儿玩耍。幼儿园发展民间传统游戏必须符合下面几个基本原则。

一、安全性原则

安全是幼儿园一切活动开展的必要前提，幼儿园发展民间传统游戏时应优先考虑游戏的安全性，确保游戏开展的每一个环节都能够贯彻安全性原则。首先，要确保游戏场地的安全，无论开展哪一类型游戏，无论是在室内还是在户外，均要避免因周围的环境而引发的意外事故。其次，要确保材料的安全性。很多民间游戏的开展要运用材料，应选择无毒、无味、对幼儿无安全隐患的材料，活动前还需对材料进行清洁和消毒。再次，要明确游戏设计的科学性、游戏动作是否容易引起伤害事故，动作幅度较大时，应考虑具体对策避免发生肌肉拉伤。最后，还需明确教师组织游戏的教学、指导方法的合理性，以确保游戏安全有效的开展。

二、生活化原则

"儿童的生活是指儿童的生命活动或生存实践。"儿童的所思、所见、所闻构成了儿童的生活，这些都是幼儿园创新民间传统游戏的源泉与基础。社会的变迁与发展，使得每个时代的儿童所处的生活环境，拥有的生活条件均不相同。如果只是简单地将民间传统游戏照搬到今天的幼儿园中，就会出现明显的"水土不服"，这种堂而皇之的"嫁接"会因脱离儿童的现实生活而变得索然无味，使幼儿园开展民间传统游戏成为"任务"而非"游戏"。所以，幼儿园发展民间传统游戏应把握生活化原则，结合幼儿的当下生活进行创编，使其自然地融入并成为幼儿园生活必不可少的一部分。

三、多元化原则

我国是拥有56个民族的多民族国家，各民族创作的民间游戏不仅各具特色，还蕴含着本民族丰富的文化思想内涵。幼儿园可以选择各民族文化中具有代表性的、优秀的民间游戏（如黔东南苗族侗族自治州智力类游戏"二三棋"，彝族语言类游戏"阿西里西"等）加以改造，将各民族游戏中的积极元素融入幼儿园课程。在开展过程中，一方面能够让幼儿更具体、更全面地了解我国各民族的文化特色、礼仪思想、风俗习惯、个性差异等；另一方面能够让幼儿加强对我国各民族文化的关注，促进幼儿树立民族团结互助的意识。

四、便捷性原则

"便捷"有方便、迅速之意。民间传统游戏材料简单，有些甚至不需要材料，幼儿三五成群便可以玩起来；也不需要老师专门组织，幼儿在课间、在餐后和起床后等生活环节、区域游戏中均可随机开展。

五、园本性原则

由于经济条件、地理环境和人文环境的不同，幼儿园之间明显地存在个体差异，所以教育工作者在创新民间传统游戏时需在遵循区域性原则的基础上充分考虑本园的现状与特色，凸显民间传统游戏创编的园本性。例如，将"抛绣球"融入幼儿园健康教育活动中时，幼儿园可依据园所现状就地取材，如将园所内的沙包或皮球当成"绣球"，抑或直接运用生活中的旧报纸、废旧纸张自己动手制作"绣球"，为开展民间体育游戏积极创设物质条件。

六、适宜性原则

民间传统游戏蕴含和反映了我国优秀传统文化，其内容和形式在一定程度上适宜不同发展阶段的儿童。但随着时代的变迁，人们的生活方式和价值观念在逐渐转变，有些民间传统游戏存在着一些不符合儿童身心健康发展甚至危及幼儿安全的内容。因此，对于教育者而言，选取的游戏应该适宜不同年龄儿童，并能满足其发展需求。面向小班的语言教学活动，应选择字数较少、充满趣味的民间童谣，以欣赏为主，这样容易激发幼儿的兴趣（如《小老鼠上灯台》，"小老鼠，上灯台，偷油吃，下不来。喵喵喵，猫来了，叽里咕噜滚下来。"）。中班选择的童谣最好句句押韵，让幼儿感受节奏和韵律的美，另外，在幼儿欣赏童谣的基础上可辅以简单的吟唱，让幼儿在表现中发现童谣的特质（如《板凳谣》，"板凳板凳歪歪，上面坐着乖乖。乖乖出来踢球，上面坐着小猴。小猴出来赛跑，上面坐着熊猫。熊猫出来拔河，上面坐着白鹅。白鹅参加啦啦队，大家来开运动会。"）。大班选择的童谣应多注重形式上的变化，鼓励他们大胆地表现与创作，指导他们了解童谣反映的生活、文化价值和思想、道理等内涵（如《孙悟空打妖怪》，唐僧骑马咚那个咚，后面跟着个孙悟空。孙悟空，跑得快，后面跟着个猪八戒。猪八戒，鼻子长，后面跟着个沙和尚。沙和尚，挑着箩，后面来了个老妖婆……）。

七、发展性原则

"民间传统游戏有其独有的魅力，它是永远向着无限的有限，是灵活的和开放的，是永远允许且鼓励儿童进行创新和改编的，即使对于那些经典的民间传统游戏也是如此。"① 所以，幼儿园在创编民间传统游戏时，应尽量彰显现代生活特色，体现时代发展要求，使其更加适应幼儿的真实生活，更好地引导幼儿，让幼儿获得有价值的健康发展。② 如"老鹰捉小鸡"、"滚铁环"等广为人知、耳熟能详且深受儿童喜爱的民间传统游戏，这些经典游戏在产生与发展之初并非像现在这样，也是随着时代的变化不断发展与完善起来的。民间传统游戏在适宜儿童玩耍的基础上要体现发展性，紧随时代和社会的发展，一方面要扩大和补充适合时代潮流的新内容，以体现时代发展要求；另一方面要不断赋予游戏新的形式，使民间传统游戏更加适应儿童生活实际，满足现代儿童的需求，能够与时俱进。

八、锻炼性与科学性原则

锻炼性与科学性原则是幼儿园发展民间传统游戏应该遵循的主要原则之一。民间传统游戏具有锻炼身体、增强体质的作用。但并非所有民间游戏都适宜幼儿园开展，幼儿园应有所取舍。一方面，应根据幼儿的年龄、性别、现实发展水平等因素，科学、准确地确定合理的运动负荷，动作难度和活动方式。另一方面，应根据参加游戏的人数、时间、场地、器材等条件科学地预设小组活动或集体活动所用时数，设计系统、科学的活动方案。幼儿园开展民间传统游戏，既培养了儿童基本活动能力，又很好地锻炼了儿童的身体，同时还可以为儿童掌握多种运动技能打下良好的基础。

九、趣味性与教育性原则

儿童活泼好动，单调枯燥的活动容易使其失去兴趣，趣味性是儿童游戏的生命。民间传统游戏正是由于其本身具有浓厚的趣味性才得以代代相传的，其

① 秦元东等编著：《浙江儿童民间游戏：现状与传承》，杭州，浙江大学出版社，2011。
② 董旭花主编：《幼儿园游戏》，北京，科学出版社，2009。

内容有趣，且形式自由，易于激发儿童的探知欲，满足了儿童强烈的好奇心，适应儿童身心发展水平，儿童被深深地吸引并从游戏中体验到快乐。很多民间传统游戏在具有趣味性的同时有一定的教育作用。幼儿园在创编民间传统游戏时应充分发挥其优势，挖掘其本体价值，有意识地将其纳入课程体系中，在突出游戏趣味性、活动性的同时注重发挥其对幼儿的教育功能，寓教育于游戏之中，在开展民间传统游戏的过程中，有意识、有目的地将教育作用与游戏内容、方法、组织形式等有机结合，融为一体，以期促进儿童身心的全面发展。

十、实践性与可操作性原则

幼儿园要发展民间传统游戏必须关注其实践性和可操作性。以艺术类民间游戏为例，园所内陈列的静态的民间艺术品不代表幼儿园发展了民间游戏，更不能表明创新的民间游戏促进了幼儿的发展。对幼儿而言"传统民间游戏就是动手、动身和动脑的艺术，是与提取一定的生活经验联系在一起的艺术！"从这个意义上说，幼儿园发展民间传统游戏时，为幼儿提供操作和创造的机会比呈现某件民间艺术成品更为重要。发展民间传统游戏需要教师与幼儿一起进行，教师的作用不只是解释和教导，更多的是启发和引导幼儿动手，从而引导幼儿参与创造活动。

延伸阅读

1. 《浙江儿童民间游戏：现状与传承》，秦元东等编著，浙江大学出版社，2011年版。

该书是浙江民间文化的早期教育价值与传承系列研究丛书之一。全书共九个章节，内容包括导论、浙江儿童民间游戏概述、浙江儿童民间游戏的分布与演变、浙江儿童民间游戏类型、浙江儿童民间游戏要素与演变的文化生态学分析等。书中还清晰地论述了幼儿园开展民间游戏的主要组织形式，为幼儿教师开展相关活动提供了一定的借鉴和参考。

2. 《文化传承与幼儿教育》，庞丽娟主编，浙江教育出版社，2005年版。

　　该书内容包括中华文化与幼儿教育、社会文化发展与幼儿教育政策走向、中华多民族文化与幼儿教育、文化传承中的儿童发展等八编。该书所传达的新理念、新思考将唤起幼教同行对文化传承与幼儿教育展开进一步研讨的热情，激励社会各界人士共同商讨幼儿教育发展之大计。

第三节　幼儿园发展民间传统游戏的方法

　　对幼儿园教育教学而言，挖掘民间传统游戏资源，加强对民间传统游戏的传承、开发和创新，可以起到丰富幼儿园课程、提高幼儿综合素质的作用。但如何在幼儿园发展民间传统游戏，仍然是当前幼儿园教育所关注的重点。对民间传统游戏的创新运用绝不是在幼儿园教育中简单地引进游戏，而是在充分理解民间传统游戏精髓的基础上，运用民间传统游戏中蕴含的教育智慧进行教育创新。

一、对民间传统游戏元素的创新

（一）材料创新

　　对民间传统游戏材料进行创新，可以充分提升儿童的想象力与创造力。从教育学角度讲，玩具是发展幼儿认知能力的重要工具，在幼儿认识世界和直接探索的过程中发挥着不可替代的作用。民间传统游戏具有就地取材、简便易行的特点，在游戏材料选择上应注重对当地自然乡土、废旧材料的合理利用，努力做到"变废为宝、一物多用"。

　　游戏"挑棍儿"

　　传统材料：小木棒、树枝、冰棒棍等细条状木棍。

　　创新材料：吸管、旧笔芯、一次性筷子等废旧物品。

"挑棍儿"游戏玩法简单，通过改变材料，在丰富游戏材料的同时，增强游戏的趣味性，而且使游戏有了不同的难度，增强了游戏的挑战性和刺激性。

游戏"玩沙包"

传统材料：用碎棉布及针线缝制，用细沙塞满，一般为拳头大小。

图2-2　挑棍儿

创新材料：用皮质、帆布等材料作为沙包外壳，用碎布条、碎海绵等材料作为沙包的填充物，可以大小不一。

改变沙包的大小、材质、形状后，幼儿可以创生出更多新奇的玩法。可以利用大沙包玩蚂蚁搬豆豆、滚沙包、跳沙包等游戏；可以将小沙包抛向空中玩抛接沙包，或者将小沙包藏在隐蔽处让伙伴探寻；在小一点的沙包上缝制绳线，幼儿便可做踢沙包、抢沙包的游戏；还可以给沙包扎上长尾巴变成流星球，供幼儿练习投掷。

材料创新丰富了游戏的层次性，吸引幼儿乐此不疲、持续地参与游戏，同时也开启了教师的智慧之门，使得民间游戏在幼儿园中更具生命力。

（二）内容创新

民间传统游戏的内容丰富，幼儿园可以运用组合法、拓展法、发散引导法三种方法对民间传统游戏的内容进行创新。

（1）组合法

组合法是把两个或两个以上的游戏或动作技巧，根据本班幼儿的实际发展水平有机地组合在一起。[①]从幼儿的兴趣出发，把"石头、剪子、布"、"投沙包"、

————————

① 莫晓超、李姗泽：《民间游戏资源在幼儿园活动中的运用及其策略》，载《学前教育研究》，2006（9）。

"跳格子"这三个游戏组合在一起，由幼儿和教师共同制定新的游戏规则。如2人或3人共玩"石头、剪刀、布"游戏，胜出者将沙包丢在"格子"中，幼儿跳到有沙包的格子中，双脚夹着沙包向前跳。经过组合改编后，原来单一，仅发展幼儿某一方面能力的游戏变得充实和丰富，幼儿有非常高的参与度，会全身心地投入游戏中。组合后的游戏更贴近于幼儿的心理、生理需求，也更受幼儿的欢迎和喜爱，很好地促进了幼儿的全面发展。

（2）拓展法

根据游戏的具体内容，在保持原有游戏结构完整的基础上，对游戏的整个内容进行适当的拓展。如"木头人"游戏，虽然深受幼儿的喜爱，但由于童谣内容不太适宜，需要将其进行改编并对整个游戏的内容作相应的拓展。

传统儿歌：我们都是木头人，扛起枪来打敌人，一不能动，二不能笑，谁动谁笑就打谁。

改编儿歌：山山山，爬高山，山上有个木头人，一不许动，二不许笑，三不许露出小白牙。

（3）发散引导法

教师根据幼儿在游戏中的玩耍状况，引导幼儿根据一个游戏项目发散思维并想象出不同的游戏内容。如在"跳格子"的游戏中，教师就可以积极鼓励和引导幼儿，探索可以"制作格子"的不同材料，幼儿自主选择，自己摆放，继而探寻不同的玩法。如在"滚铁环"的游戏中，教师鼓励、引导幼儿发现铁环的多种玩法。这些方法的运用，使传统民间游戏的内容更为丰富，形式更为灵活，深受孩子们的喜欢。

对传统民间游戏内容进行创新，既贴近幼儿的现实生活，还可以刺激幼儿参与游戏的热情和积极性，又可以丰富游戏内容、增添游戏的趣味性。

（三）玩法创新

民间传统游戏的玩法是人为创造和制定的，并非一成不变。因此，在开展传统民间游戏的过程中，应充分体现预设与生成的相互交融，让游戏的玩法在玩的过程中不断生成。

游戏"拉大锯"

传统玩法：两个孩子对坐，两腿伸直、脚掌相抵、互拉手，甲俯乙仰。

创新玩法：改变玩的人数，可两人、可三人（三个幼儿手臂两两交叉玩耍）；加入器械玩，如加入"弹力绳"、"拉力带"。儿歌：拉大锯，扯大

图2-3　用拉力带玩拉大锯

锯，姥姥家唱大戏。妈妈去，爸爸去，小宝宝，也要去。拉大锯，扯大锯，你过来，我过去。拉一把，扯一把，小宝宝快长大。

"拉大锯"游戏是幼儿最喜欢玩的游戏之一，当孩子们熟悉游戏原来的玩法后，可改变玩法，使游戏的形式不拘一格，时而两个人拉，时而三个人拉，还可以加入器械玩，使游戏的玩法更多样化，更具趣味性。

游戏"跳绳"

传统玩法：单人跳短绳、多人跳长绳。

创新玩法：单人带器械跳绳，多人花样跳长绳，组合跳绳。

教师和幼儿可以大胆想象，自由探索，利用游戏材料通过一物多玩、组合混搭的方式，创新游戏玩法。如在跳绳游戏中，当绳子作为唯一游戏材料时，幼儿可以选择单人或多人，利用不同长度的绳子进行游戏，多人花样跳绳，短、长绳组合跳等。当将绳子与其他材料相组合时，可以产生新的玩法，单人带器械跳绳。组合材料、创新玩法，既发展了幼儿的跳跃能力，又锻炼了幼儿的协调性。

游戏"玩报纸"

传统玩法：单人玩，将报纸顶在头上锻炼平衡性，上下抛接锻炼协调性，或者将其揉成纸团练习瞄准、投掷等。

创新玩法：改变玩的人数，可两人、可多人，两两结伴拉住报纸一角玩钻山洞；或是将报纸团成小球，多人接力练习抛接球，锻炼幼儿合作和平衡的能力。

报纸是我们日常生活中最常见的材料，通过玩法创新让这个简单的游戏更加具有趣味性。

游戏"蹦蹦跳跳"

传统玩法：无器械前、后、左、右跳，双脚、单脚跳。

创新玩法：全体幼儿一边单脚蹦跳，一边念儿歌，念到最后一个"高"字时，单脚站立不动，然后一齐数"1、2、3、4、5……"，谁双脚落地，就算失败，取消一次参与游戏的机会，其余的人继续游戏。

附儿歌：蹦蹦跳，蹦蹦跳，大家来比单脚跳。一脚提，一脚跳。比比谁的本领高。

民间传统体育游戏"蹦蹦跳跳"是锻炼幼儿跳跃能力的游戏，但此游戏只能发展幼儿单脚或双脚跳跃的能力。创新后，教师可以将单脚跳动作与平衡能力训练相结合，增加游戏的难度，增强游戏的趣味性。

游戏"绕口令"

传统玩法：快速、准确地念出绕口令的内容。

创新玩法：添加大鼓、鼓槌或快板，一人击鼓，其他人根据敲击的鼓点节奏朗诵绕口令，鼓声快念得速度快，鼓声慢念得速度慢。

绕口令是我们最为常见的语言类民间传统游戏，传统玩法仅仅要求快速、准确地说出内容，较为枯燥乏味，幼儿很容易失去兴趣。增加配合其他器材的创新玩法，幼儿需要根据鼓声和其他乐器的节奏，来调整自己念绕口令的速度。在玩的过程中，需要幼儿高度集中注意力，在准确说出绕口令内容的同时还要跟上鼓点，这在一定程度上增加了游戏的难度，使"绕口令"游戏更加有趣，更能吸引幼儿参与游戏，在提高幼儿口齿灵活性的同时，锻炼幼儿倾听、表达及应变能力。

（四）形式创新

教师可以着重从游戏材料投放的形式、组织形式和游戏人员参与的形式三个方面创新民间传统游戏。第一，在游戏材料投放的形式上，需要尊重幼儿兴趣与自主性，以投放天然的、低结构材料为主，让幼儿在操作、运用材料的过程中，发现和创造新的玩法。第二，在游戏的组织上，可以采取把一些不同类型的游戏有机地联系在一起的方法。第三，在游戏人员的参与形式上，有些游戏可以采取混龄跨班的方式进行。

游戏"小老鼠上灯台"

传统形式：儿歌（说唱游戏）

儿歌：小老鼠，上灯台，偷油吃，下不来。喵喵喵，猫来了，叽里咕噜滚下来。

创新形式：将说唱游戏改为体育游戏。

创编儿歌：小老鼠，上灯台，偷油吃，下不来。喵喵喵，猫来了，叽里咕咚跳下来。

首先，将童谣的内容进行改编，把最后一句"叽里咕噜滚下来"改为"叽里咕咚跳下来"。其次，在游戏中幼儿先念儿歌"小老鼠，上灯台，偷油吃，下不来……"，等念到"叽里咕咚跳下来"时，教师引导幼儿跟随歌谣练习从高处往下跳的动作。这样的创编不仅使幼儿得到了游戏性的体验，还可以在游戏中自然地促进幼儿"跳"的动作的发展。

图 2-4　改编成体育游戏的"小老鼠上灯台"

游戏"老鹰捉小鸡"

传统形式：游戏参与者是教师和幼儿，教师扮演鸡妈妈、老鹰，幼儿扮演鸡宝宝。

创新形式：混龄跨班玩游戏，大班幼儿扮演鸡妈妈和老鹰，小班幼儿扮演小鸡。

这样的改变增强了幼儿与同伴的交往能力，让不同年龄层的幼儿体验合作与竞争带来的乐趣，在锻炼幼儿身体灵活性的同时增强了幼儿的自信心。

（五）规则创新

规则、玩法和形式相辅相成、密不可分，均是民间传统游戏中不可或缺的重要组成部分。许多民间传统游戏为了增加游戏趣味性而附带儿歌，或者为了判定游戏的输赢而计数。大多数的民间传统游戏均有明确的规则，不仅对游戏时间、参与人数、游戏动作的顺序有明确规定，还规定了游戏中允许和禁止的动作。有时候将民间传统游戏的规则进行更改，会形成一种新的游戏。

游戏"老狼老狼几点了"

游戏玩法：一人扮演"大灰狼"，其他幼儿扮演小动物。游戏开始时，扮演大灰狼的人背对其他人慢慢往前走，其他扮演小动物的小朋友跟在"大灰狼"的后面，一边走一边反复问大灰狼"老狼，老狼几点了？""大灰狼"回答不同的时间。

传统规则：当"大灰狼"回答"1点至11点"时，"小动物"们可以继续跟着大灰狼往前走，当"大灰狼"回答"12点"的时候，会立即回过头来抓"小动物"，"小动物"们四散逃跑躲避，被"大灰狼"抓住者，要暂时退出游戏，其他未被抓住的"小动物"重新开始下一轮游戏。

图 2-5 "老狼老狼几点了"

30

创新规则：当"大灰狼"回答"12点"的时候，立即回过头来抓"小动物"。当快被"大灰狼"抓住了，则迅速作"木头人"不动，大灰狼不能抓"木头人"。奔跑着的同伴拍一下作"木头人"的同伴，则视为解救成功，"木头人"还原可以继续奔跑。一轮游戏中，每人只有一次机会成为"木头人"。

在玩游戏的过程中，游戏规则可以根据游戏的进展和幼儿的兴趣随时调整，以吸引幼儿注意，长久保持幼儿游戏的热情。幼儿园在开展民间传统游戏时，教师可在告诉幼儿基本的玩法、形式和安全要求后，鼓励幼儿在游戏中主动发现问题、提出问题，与教师共同建立新的游戏规则。有些游戏规则还会随着玩法、材料、场地的变化而改变。师生或生生共同建构游戏规则，有利于幼儿逐渐形成规则意识。

二、对民间传统游戏原型的创新

（一）纵向创编

原型一般指事物的最初模型，即首先形成的原始的形态或类别，在创造性思维活动中是具有启发意义的事物。民间传统游戏原型就是各种各样民间游戏最初形成的形态。除了通过改变民间游戏原型中的元素对民间传统游戏进行创新，还可以在不改变游戏结构的前提下，通过变换民间传统游戏的深度，建构游戏层级，对民间传统游戏进行纵向改编。

游戏"推铁环"

传统规则：在直线和平路上滚铁环。

创新规则：设置障碍，变换场地。

当幼儿学会直线推铁环后，可以逐步增加游戏难度，巧设障碍，让幼儿学会绕弧线推；或改变游戏场地，让幼儿在坡道、阶梯、平衡木上推；还可以鼓励双手推双环，以此锻炼幼儿手眼的协调性、平衡性和控制力，当幼儿完全熟悉并掌握推铁环的要领后，可以引入竞赛成分，使幼儿在游戏过程中体验挑战性、成就感和集体荣誉感。

游戏"小孩 小孩 真爱玩"

传统规则：幼儿只需念儿歌"小孩小孩真爱玩，摸摸这个，摸摸那个，摸摸××再回来"，然后一起跑到某个指定地方。

创新规则：递进式增加游戏难度。

由于此游戏的内容和规则较为简单，幼儿很容易失去兴趣，所以可以增加游戏的层次，创编成新游戏以增加游戏的趣味性。第一轮游戏，幼儿只需念儿歌"小孩小孩真爱玩，摸摸这个，摸摸那个，摸摸××再回来"，然后一起跑到某个指定地方。第二轮游戏，可以让幼儿多摸几个物体并增加幼儿的奔跑距离。最后一轮游戏，增添材料，设置诸如山洞、小河等障碍，幼儿需越过障碍完成游戏。循序渐进地增加游戏难度，可以大幅度激发幼儿参与游戏的热情、玩耍游戏的持久性及挑战成功的喜悦感。

（二）横向创编

民间传统游戏种类纷繁，教师可以通过组合不同类型的游戏来进行横向的创编。就是将多个民间游戏的某些环节，按照一定的新规则组建在一起，或是在改编某类民间传统游戏中的某些元素的基础上加入其他游戏元素，使之成为一个新游戏。

游戏"丢手绢"

传统规则：单一游戏，幼儿围坐一圈，边唱边玩。

创新规则：加入"贴膏药"游戏，丰富游戏内容。

"贴膏药"游戏玩法：幼儿两人一组前后站立，多组幼儿围成双层圆圈，每组幼儿左右间隔两臂宽，前后幼儿身体靠近。先选一组幼儿，一人为追者，另一人被追者。游戏开始，追人者去抓被追者，被追者开始围绕圆圈跑，在没被抓住之前可以选择任何一组贴在身后，则这一组最前面的幼儿成为被追者，继续游戏。如追人者抓住被追者，则两人交换角色继续游戏。

"丢手绢"与"贴膏药"结合的创新玩法：幼儿围坐一圈唱"丢手绢"儿歌，丢手绢幼儿围绕圆圈大步走，将手绢放在一名幼儿身后，然后选择另一名幼儿

"贴膏药"，身后有手绢的幼儿成为追人者，快速拿起手绢追赶丢下手绢的人，如果丢下手绢的人完成"贴膏药"的动作，则被"贴"的人成为被追逐者。游戏中，如果被追逐者坐到了追人者的位置，则重新开始游戏，追人者继续丢手绢。如果追人者抓住被追逐者，则被追逐者丢手绢，重新开始游戏。

"丢手绢"游戏主要是锻炼幼儿围圆圈跑，与"贴膏药"游戏结合后，增添了趣味性，丰富了游戏内容。

游戏"打瓦"

传统规则：游戏者用"石片"击打一定距离处的"瓦片"。

创新规则：与其他类型游戏组合，增加游戏难度和趣味性。

"打瓦"是我国北方部分地区流行的一种传统游戏，但由于其开展需要专门的材料，在幼儿园开展此游戏时可以对游戏材料进行替换，用皮球替代击打所用的"石片"，用易拉罐、矿泉水瓶等常见材料来替代被击打的"瓦片"。为了让此游戏更加具有趣味性，可以将"打瓦"与"跳房子"两个游戏相组合，并采用团

图 2-6　打瓦

队合作竞赛的方式来开展。首先，在地面布置出两个同样的房子，然后，将现有幼儿分为两组，排成两队进行游戏，游戏以竞赛的形式进行。第一名幼儿单、双脚交替跳跃到房子的前面，拿收纳筐里的沙包击打前方的"瓦片"（矿泉水瓶或易拉罐），若第一次没有打中，则需再次拿沙包"打瓦"，打中后跑回与第二个人击掌，然后第二名幼儿按照上面的步骤继续游戏，最先将瓦片全部击中的组获得最后的胜利。

三、幼儿园民间游戏创新的注意事项

（一）依据幼儿的身体和认知发展水平及年龄特点进行创新

在对民间体育游戏进行创新时，我们不能随意改编，要先观察幼儿，站在孩子的视角，从孩子的兴趣点入手，根据不同年龄段幼儿身体发展水平及认知规律由易到难设计游戏玩法、规则，编排内容、顺序，使幼儿在有趣的游戏中、循序渐进的动作练习中锻炼身体，发展素质。

（二）从游戏内容、形式、玩法等多方面进行创新

首先是改变材料，提升游戏的可玩性。在开展民间体育游戏时，它的教育功能主要是通过材料来实现的，可民间体育游戏材料相对比较单一，我们就从材料入手进行调整，通过改变材料的形状、造型等提升材料的多样性、趣味性、层次性和可变性。其次是探索一物多玩和一游戏多玩，结构简单的材料为我们创新游戏提供了有力支持，我们可依托材料开展系列活动。以轮胎为例，可利用轮胎做路障，进行走、跑、跳的竞赛游戏；可把轮胎拼摆成不同图形让幼儿踩轮胎走，锻炼幼儿平衡能力。

（三）整合多类传统民间游戏进行创编，提升游戏的教育价值

对不同类型游戏进行组合创编，在丰富游戏内容的同时增加了游戏的趣味性，同时还提升了游戏的教育价值。如将民间童谣融入皮筋游戏里，将"猫抓老

鼠"游戏与皮筋游戏结合，等等。在对民间体育游戏进行创新时，我们把民间体育游戏与数学游戏、语言游戏进行自然组合，让幼儿在愉快的游戏中，练习各种动作，促进语言能力和逻辑思维能力的发展。

（四）幼儿是游戏的主导者，充分发挥幼儿的主动性

通过让幼儿做游戏的主人，进行游戏创新。不能让幼儿被动地参与游戏，应该鼓励幼儿参与游戏创编，教师提供支持、引导、帮助，让幼儿自选游戏材料、游戏玩伴，自己设计玩法和规则，在与同伴的讨论中，在失败的经验中，在多次的实践中不断完善游戏方案，创编属于自己的游戏。

延伸阅读

1. 《玩转童年——幼儿园民间传统游戏资源创新运用》，罗红辉，湖南教育出版社，2016年版。

　　该书从理论与实践两个方面系统论述了民间传统游戏资源在幼儿园内的创新运用，用大篇幅在第三部分通过实例，向读者生动直观地展示了不同类型的民间传统游戏资源在幼儿园的创新运用。民间传统游戏的现代化是一个复杂的文化系统工程，幼儿园教育主动引进民间传统游戏，不仅体现了幼儿园教学的文化自觉性和勇于担当的创新精神，而且展示出新一代幼儿园教师的人文情怀和历史责任感，同时为广大幼儿园教师开展民间游戏提供了很好的引领和可资借鉴之处。

2. 《中国民间游戏总汇》，林继富主编，湖南文艺出版社，2016年版。

　　该书首次以百科全书的形式，将百年来的民间游戏以图片的形式生动地呈现出来。为了抢救濒临失传的民间游戏，一群人历时五年四处收集，才有了这部书，填补了国内出版史的空白。

第三章
幼儿园民间传统游戏的实施

章前导读

　　著名教育家陈鹤琴先生说过："小孩生来是好动的，是以游戏为生命的。"游戏是幼儿童年生活中不可或缺的一部分。它是童年欢乐的源泉，是幼儿自由和权利的象征。民间传统游戏内容丰富，形式多样，蕴含着丰富的教育价值。幼儿园可根据幼儿一日活动的内容、组织形式及时间长短灵活开展各种民间传统游戏，让幼儿尽情地玩耍、嬉戏，充分体验游戏带来的快乐，促进其身心的健康成长。

图3-1　亲子抬轿

第一节　幼儿园民间传统游戏的实施途径及要点

民间传统游戏是幼儿喜闻乐见的一种学习和活动形式，同时也非常符合幼儿的身心发展需要；对幼儿园而言，民间传统游戏具有趣味盎然、内容丰富等特点，称得上是一个教育资源宝库，蕴含着丰富而深刻的课程价值。因此，教师应在一日生活各个环节中灵活开展民间传统游戏，让幼儿在参与中走近多姿多彩的民间文化，自觉成为民间文化的接受者、体验者、传承者和探索者。

一、幼儿园晨间活动中开展民间传统游戏的要点

"一日之计在于晨。"晨间活动是幼儿在园一日生活的开始，主要包括两段时间的活动：一是幼儿入园至早餐前的晨间锻炼活动，二是早餐结束至课间操或集体教学活动开始前进行的自主游戏活动。教师在晨间活动环节将幼儿的活动组织得有声有色，可以让幼儿以一种愉悦轻松的情绪投入一天丰富多彩的生活中。

幼儿入园的时间不尽相同，教师的工作重心在于热情地迎接陆续进班的幼儿，与家长交流个别幼儿的情况，以及准备进餐和集体教学事宜，因而晨间活动时间一般相对较短，场地一般为户外或过道，教师指导较少，幼儿活动相对比较分散且自由。根据这些特点，教师在晨间活动中开展民间传统游戏时要注意以下几点。

（一）开展较安静、活动量适宜的游戏

晨间活动在早餐前后进行，为了保证幼儿能在安静、有序的氛围中进餐，晨间不宜进行过于激烈、活动量大的游戏。早餐前的锻炼时间，教师可以开展一些活动量适宜，且幼儿可自主进行的运动类游戏，如踩高跷、抽陀螺等，早餐后幼儿分散的自主活动中则可安排一些能够发展手部小肌肉群和手眼协调能力的游戏，如吹羽毛、翻花绳、挑小棒等。

（二）开展有趣味、规则性弱的游戏

民间传统游戏之所以魅力无穷，就是因为它具备很强的娱乐性和趣味性，教师在选择和创编游戏时切不可忽视了这一点。晨间活动一般由幼儿自主选择游戏，对趣味性要求更高。另外，因为晨间幼儿来园时间不统一，随时都会有新的幼儿加入游戏，因此那些规则复杂，对游戏开始、结束等进程要求多的游戏并不适用于此环节。只有规则性弱的一些语言类游戏、运动类游戏、手工操作活动等比较适合在晨间开展。

（三）开展玩法简单、操作简易的游戏

晨间活动中教师的工作繁忙，对幼儿的指导较少。因此幼儿会选择一些玩法比较简单、材料操作简易的游戏，或者教师先前组织过的游戏来玩，比如"炒豆豆"游戏：两名幼儿相对而立，手牵手，边念儿歌，边有节奏地向左右协调摆手。儿歌念到最后一句时，两人举起一侧的手臂来共同翻转身体180度，还原姿势。游戏中可自由选择玩伴，随时可以开始和结束，不需要任何游戏材料，简单易行。

二、幼儿园教学活动中开展民间传统游戏的要点

幼儿园的教学活动，主要是一种有目的、有计划地由教师对幼儿施加教育影响的活动，即由教师立足于教学目标、教学任务和教学内容来组织和实施的教学活动，在我国主要以集体活动的形式，分健康、语言、社会、科学、艺术五大领域教学活动来进行。

《3—6岁儿童学习与发展指南》明确指出："理解幼儿的学习方式和特点。幼儿的学习是以直接经验为基础，在游戏和日常生活中进行的。"因此要珍视游戏和生活的独特价值。在教学活动中，教师要根据幼儿的身心发展规律和特点，选择贴近幼儿生活、适宜幼儿发展的教学内容，以趣味盎然的游戏为基本形式，最大限度地支持和满足幼儿通过直接感知、实际操作和亲身体验来获取经验的需要。民间游戏以其传统型、趣味性、易学性等特点，受到广大幼儿的喜爱。在幼

儿园教学活动中开展民间传统游戏，能促进教学活动的合理安排，丰富活动形式和内容，提升教学趣味性，从而优化教学效果。教师在教学活动中开展民间游戏活动要注意以下几点。

（一）开展玩法和规则都有一定要求的游戏

选择在幼儿的"最近发展区"之内的教学内容和形式，教师要对幼儿现有水平和可发展水平有充分的了解，才能让幼儿"跳一跳摘到桃子"，因此教师在教学活动中安排的民间传统游戏，其玩法和规则应该有一定要求。比如"两人三足"这种玩法和规则都比较复杂的游戏就需要在教师的指导下，通过集体教学的形式来进行，否则游戏的教育价值无法顺利实现。

（二）开展适宜不同年龄幼儿发展的游戏

幼儿的身心发展具有阶段性的特点，在不同的年龄阶段，幼儿同一方面发展的要求不同，比如在动作发展方面，小班重点可发展幼儿跑、双腿跳和爬等动作，中班可发展投掷、单腿跳等动作，大班可发展连续拍球、跳绳等动作；在语言方面，小班重视倾听和准确发音，中班重视词汇和言语表达，大班重视语言表达等能力。所以教师要根据幼儿的年龄特点选择和开展适宜的民间传统游戏，比如"十二生肖"作为民间文化的一部分，排列生肖顺序有一定难度，就需要幼儿对12种动物的特征有所了解，更适宜在大班进行教学。

（三）开展幼儿参与度高的游戏

教学活动主要以集体形式进行，因此教师选择的民间传统游戏应尽可能地吸纳全体幼儿。比如，艺术类民间传统游戏"小兔和狼"，选一名幼儿当大灰狼，其他幼儿都可以当小白兔，当"哎呀，狼来了"音乐声响起，小兔们都赶紧逃回家，游戏过程中全员参与，一起感受游戏的快乐。对于一些参与度较低的民间传统游戏，教师可以适当改变玩法和规则，丰富游戏环节来吸纳更多幼儿的参与。比如，在语言类游戏"讨小狗"中，只有两个"讨小狗者"和"张家姆妈"为主要角色，为使活动能集体参与，教师为扮演各种角色的幼儿创设活动环节，如可以念完儿歌后让"小狗"进行"表演"推销自己，以便让自己更快地被"讨"过去。

三、幼儿园区域活动中开展民间传统游戏的要点

幼儿园区域活动也称活动区活动、区角活动等，是指教师根据教育目标和幼儿的学习与发展需求，划分一些区域，有目的、有计划地投放各种材料，创设活动环境，让幼儿在宽松和谐的环境中按照自己的意愿和能力，自主地选择活动内容和活动伙伴，主动地进行操作、探索和交往，获得个性化发展的活动。区域活动主要具备自主性、教育性、实践性及教师指导的间接性等特点。在民间传统游戏中，幼儿需要有相对固定的游戏场所和空间，而区域活动因其自主性的特征，幼儿可以全身心地投入游戏，这样可以更好地激发幼儿的兴趣和潜能，在游戏中培养良好的个性。教师在区域活动中开展民间传统游戏，务必注意以下要点。

（一）从幼儿兴趣出发，合理布置区域

教师要尊重幼儿的想法，选择幼儿感兴趣的区域活动和游戏，根据活动场地的大小合理规划，注意动静交替。比如，在教室内向阳的窗台处设置语言区，投放一些与故事书相关的手偶或指偶让幼儿尝试创编表演故事，在小阳台设置益智区，幼儿可以一起玩五子棋、七巧板等，在室外过道中安排运动区，地上用即时贴贴上各色格子、圆圈，幼儿可以玩跳房子、占圈等游戏。

图3-2　走廊过道的跳房子运动区

（二）提供丰富多彩、有挑战性的游戏材料

在同一活动区域中，教师需提供适宜不同发展水平的幼儿所需要的游戏材料，游戏材料不能一成不变，而要丰富多彩，富有挑战性。比如，在益智区的挑小棒游戏，为尊重幼儿的个体差异，教师可准备三种小棒：一种是又粗又长的小棒，适用于动手能力弱和初次玩的幼儿；一种又细又短的小棒，适宜动手能力比较强的幼儿；另一种小棒分颜色和大小，适合动手能力特别强的幼儿玩，他们有能力在熟悉传统游戏的基础上创新和丰富玩法。区域游戏的要求不同，难易不一，既满足了不同发展水平幼儿的需要，又可以使每一个幼儿获得成功感；既发挥了幼儿的主体性，又尊重了幼儿的个体差异。当幼儿对某种材料失去兴趣后，教师还应及时为幼儿准备好更富有挑战性的材料，或改变游戏规则以保持幼儿活动的持久兴趣。

温馨提示

幼儿园还可以在走廊过道处建立民间传统游戏区，在区域内摆放一些毽子、梅花桩、高跷、风车等游戏玩具。既方便幼儿认识民间传统游戏，又方便幼儿随时取放，自由活动。

图 3-3　民游角

四、幼儿园其他活动中开展民间传统游戏的要点

（一）在户外活动中多开展运动类民间传统游戏

《3—6岁儿童学习与发展指南》提出：幼儿每天的户外活动时间一般不少于2小时，其中体育活动时间不少于1小时。幼儿园户外活动一般是指教师在幼儿园的

户外场地组织的符合幼儿的兴趣与身心发展需要的活动，组织形式灵活多变，可集体开展，也可分散自由活动。

在户外集体活动中，教师可根据幼儿的年龄特点，参考《3—6岁儿童学习与发展指南》中所提出的健康领域的目标，选用相宜的民间游戏。比如，中班促进幼儿动作发展的目标之一为"跑：能与他人玩追逐、躲闪跑的游戏"，在计划活动时，按班级的实

际情况分别选择"老狼老狼几点了"、"地雷爆炸"等运动游戏，它们能基本实现在一定范围内追逐、躲闪跑的教学目的，让幼儿在愉快的游戏中发展跑的动作，达到目标要求。

（二）在一日活动过渡环节灵活开展语言类民间传统游戏

幼儿园一日生活的各个环节虽然是紧密联系的，但环节与环节之间仍有小段时间的过渡，比如餐前餐后环节、盥洗喝水的环节都有一定的零散时间，教师可充分利用这些时间穿插民间小游戏，既可以减少幼儿排队和消极等待的时间，更可使幼儿一日生活各个环节得到很好的过渡和衔接，提高在园生活质量。语言类民间传统游戏简单有趣，不受材料、时间和环境的限制，教师可以将其灵活地运用于过渡环节。比如，餐前环节组织幼儿猜谜语、练习绕口令、玩一玩与童谣相关的手指游戏，在活动前后的分批盥洗喝水环节，当一部分幼儿在如厕时，教师可组织另一部分幼儿坐在座位上两两合作玩一玩蜜蜂飞飞、拍手歌等，放松幼儿的身心，充分满足他们爱玩、好动的天性。

（三）在亲子活动中巧妙开展各类民间传统游戏

将各类民间传统游戏巧妙地融入幼儿园亲子活动中。比如，亲子户外游、亲

子运动会、家长开放日活动等活动，可以架起一座孩子和家长心灵间的桥梁，既能帮助家长回归童真，唤醒他们童年的美好回忆，又能极大地激发孩子的游戏兴趣，有效升华亲子关系，达到家园共育的良好效果。比如，童谣"摇到外婆桥"就是许多"80后"家长至今记忆犹新的童谣，非常适合在小班亲子活动中开展，游戏中家长与孩子一起念童谣，一起摇晃身体和拥抱，在互动中增进亲子交流，同时也感受了童谣的魅力，提高了孩子的语言表达水平。还有一些运动类民间传统游戏非常适合在亲子活动中以分组竞赛方式进行，如抬轿子、骑高马等，家庭与家庭之间展开竞赛，考验了亲子间的默契程度，对提高孩子的动作协调性、自信心和团结协作能力都有积极的影响。

第二节　幼儿园民间传统游戏的指导策略

将民间游戏作为幼儿园活动中可利用的资源，使其能在幼儿活动中充分地发挥寓教于乐的功能，需要教师的有益指导。教师指导主要借助于材料和自身两种媒介来实现。

一、投放合乎幼儿需要的游戏材料，并及时调整

实践证明，投入科学、合乎幼儿需要的游戏材料，能极大地调动幼儿游戏的自主性，保证游戏效果。具体而言，教师选择和投放民间传统游戏材料时，要重点考虑幼儿的兴趣和注意力，尽可能多投放一些具有创造性的材料，还要丰富材料的种类和数量，充分满足幼儿自主选择的需求，让他们在游戏中能发散思维，进行多种组合，探索新玩法，获得新经验。

游戏中，为了让游戏材料发挥最大效用，教师要认真观察幼儿与材料的互动状况，根据幼儿的实际发展水平和现实需求对材料及时进行调整。比如，传统的

图3-4　拍球与平衡台组合游戏

滚铁环由钢丝或铁丝制成，运动时着地面积小，幼儿很难控制它的平衡，那么可以考虑先替换成简单的游戏材料，塑料材质的风火轮的内径更小，运动时的着地面积更大，更适合初学者。再如，大班幼儿每天坚持拍球训练，久而久之容易感到乏味，教师可以投放平衡台，将拍球运动与平衡台游戏结合，幼儿容易保持对拍球的兴趣。

二、选择合理的介入方式，助推游戏进程

以教师自身为媒介对民间传统游戏进行介入指导主要有以下三种方式。

（一）平行式介入

平行式介入指的是当幼儿不会、不喜欢玩某种游戏，对材料不喜欢或缺乏兴趣，在游戏中碰到困难时，教师在幼儿附近，与幼儿使用同等材料、用正确的玩法演绎游戏过程，旨在让幼儿通过模仿进行游戏。教师在这一过程中起着提示指

导作用，并不直接介入幼儿活动中，甚至也不与其产生言行互动（偶尔可自言自语或发表评价，但无特指对象），而是以自身行为来树立榜样进行示范。比如，在晨间利用PVC管和易拉罐制成的球杆玩赶小猪游戏，有的幼儿用易拉罐底部击打纸球，纸球滚动并不顺利，教师发现后用同样的材料，以易拉罐侧面推动纸球向前滚，滚得更快更远，成功吸引了幼儿注意，他们继而模仿学习了正确的操作方法。

（二）交叉式介入

交叉式介入指当幼儿需要教师参与游戏或教师认为有参与的必要时，教师受幼儿邀请介入或主动扮演角色介入游戏，通过教师与幼儿、角色与角色之间的互动，起到指导游戏的目的。如在玩"老鹰捉小鸡"游戏时，可先由教师扮演鸡妈妈，小班幼儿来当小鸡，在由大班哥哥姐姐扮演的老鹰一次又一次的抓捕中，鸡妈妈带领鸡宝宝以最快的速度躲避，进而发展了幼儿快跑和躲闪的能力。

（三）垂直式介入

垂直式介入指幼儿游戏时出现严重违反规则或攻击性行为时，教师直接介入游戏，对幼儿行为进行干预，这时教师的指导呈显性。比如，当发现大班区域游戏中两名幼儿对象棋的规则争论不休并随时可能出现攻击性行为时，教师立即介入，并和幼儿讨论正确的下棋方法，直到幼儿能正确掌握为止。

三、用启发性、赏识性的指导语言激发幼儿的游戏兴趣

在开展民间传统游戏的过程中，教师要注重运用鼓励性的语言，让幼儿更为积极地投入活动中，并保持对活动的兴趣。

首先，通过亲切平和的提问了解幼儿的游戏现状及需要获得的指导，以此为依据进行启发引导。如有些小班幼儿游戏时经常独坐一旁，或漫无目的地闲逛，教师通过询问"你喜欢玩什么游戏呀？""你想和哪个好朋友一起玩呀？"等，

启发幼儿思考，逐渐学会选择。

其次，当幼儿游戏遇到障碍或游戏停滞时，教师运用启发式语言，通过设置问题情境启发幼儿思考，让他们在亲身实践中发现问题、解决问题，从而推动游戏的进程。如玩"扔铜币"游戏，幼儿站在起始线上，朝前方掷铜板，比比谁掷的铜板远，但由于高墙太近，掷出的铜板反弹回来，决不出胜负，这时，教师提出问题："如果重新设计规则可否决出胜负"等，幼儿议论开来，有的说场地太小，被墙挡住，有的说我们比一比谁掷出的铜板反弹后离墙最远，有的说反弹后离墙最近也可以，同样可决出胜负……困难在儿童的思考中得到解决。

最后，对幼儿的创造性游戏行为要加以肯定，对幼儿在游戏中大胆尝试、通过学习协商解决问题等行为给予赞扬，强化幼儿良好的游戏习惯。

四、根据幼儿的身心发展水平提高指导的针对性

教师要尊重幼儿身心发展水平的差异，对不同年龄的幼儿提出相适宜的游戏活动要求。具体来说，小班幼儿注意力特别容易受到外界环境影响，喜欢平行游戏，好模仿周围的人和事。对此教师要引导他们进行初步的交流、共玩，使他们愿意和同伴做游戏，掌握几种简单的民间游戏玩法即可；中班幼儿在游戏中虽然有了一定的分工与合作经验，但他们随意性较强容易发生冲突，教师引导的重点可放在多提供让他们尝试组织、计划开展游戏的机会和条件；大班幼儿游戏水平较高能自发组织游戏，教师应引导幼儿创造性地开展游戏，尝试探索游戏的新玩法，形成一定的集体意识，与同伴友好合作开展游戏。

五、根据游戏自身的形式优化指导方式

一些民间传统游戏的形式比较单一，可以考虑配上朗朗上口的童谣，让游戏充满节奏感和韵律感。比如，"跳竹竿"游戏中如果一直伴随着教师分分合合的节奏口令练习，是比较枯燥乏味的，教师可以将幼儿感兴趣的《孙悟空打妖怪》

儿歌配上节奏融入该游戏中，既能帮助幼儿掌握跳竹竿节奏，又提高了幼儿游戏的积极性。

对于有一定技能难度的民间传统游戏，教师可以采用循序渐进的指导方法，即分解难点逐步练习，层层递进掌握新技能。比如，跳绳对大班幼儿来说难度比较大，为让幼儿尽快掌握跳绳的基本动作要领，可进行分步练习，先练习空手甩绳起跳动作，等幼儿的空手跳基本协调后再进行甩绳练习，由单个跳到连续跳，由双脚到单脚、双脚交替跳，一步步加深难度，这样循序渐进让幼儿逐步学会难度大的动作。

六、适时强调和完善游戏规则，丰富游戏玩法

具体、明确的游戏规则，是游戏顺利开展的前提条件，是共同游戏不可或缺的要素，也是培养幼儿自觉遵守规则的有利条件。在开展民间传统游戏前，教师必须让幼儿明确其规则和要求，同时让幼儿学会控制自己的行为，并对违规行为承担一定的后果，体验"被惩罚"的滋味。如"挑小棒"游戏开始前，教师引导幼儿对游戏规则进行明确的界定：挑每根小棒的时候，不能碰到别的小棒，否则便要换人来挑。通过对游戏规则的重申、明确，幼儿在游戏中能相互监督，评价有理有据，彼此心服口服，游戏的趣味性也由此增强。另外，教师还要根据游戏的进展情况，适时完善游戏规则，提升游戏质量。在民间游戏开展过程中，将有必要增加游戏规则的游戏拿出来讨论，并采取"现场引导"的策略，让幼儿参与完善游戏规则，丰富游戏玩法。如"跳竹竿"游戏，教师分10根竹竿给30位幼儿玩，在体验游戏的前提下采取"现场引导"的策略，让幼儿思考如何才能使游戏进行得更有秩序，并讨论解决办法。经过师幼商议讨论，游戏规则和玩法得以完善和丰富：至少三个幼儿组成一队；一组队员统一跳法后才能玩；每个小伙伴都要参与其中，人多的组必须排队等候，不能推挤……一个个新的规则应运而生，幼儿间的争吵与不快也越来越少，取而代之的是快乐的游戏体验。

七、游戏中充分尊重和发挥幼儿的主体性

在幼儿园开展民间传统游戏时，教师应重视幼儿日益增强的自主游戏愿望，始终把幼儿的主体地位放在最突出的位置。

（一）鼓励幼儿自主选择游戏伙伴、分配游戏角色

大部分民间游戏都需要两人以上的合作参与才能展开，而部分幼儿可能因为缺乏足够的社交技巧，不敢大胆地寻求游戏伙伴，可以从"拉大锯"、"摇到外婆桥"等两人合作的游戏入手，引导幼儿学会初步的选择和合作，在此基础上逐步增加游戏参与者的数量，开展三人、四人等多人合作的游戏，同时教会幼儿使用"石头剪刀布"、"黑白配"、"点脚尖"、"抽签"、"举手表决"、"扔骰子"等分配游戏角色的方法，使幼儿能自主灵活地进行角色分配。

（二）鼓励幼儿主动质疑和探究

《幼儿园教育指导纲要（试行）》明确指出：教师应成为幼儿学习活动的支持者、合作者、引导者。在民间传统游戏活动中，教师的角色同样如此。有些传统游戏因年代久远，游戏内容难免会有与现代生活脱节之处，对此教师应尽量避免单纯的讲解，而是鼓励幼儿主动质疑、探究问题的答案。例如：针对艺术类民间传统游戏《小老鼠上灯台》中"什么是灯台？""小老鼠为什么要上灯台？""为什么偷吃油？"等各种问题，教师不急于解释，而是让幼儿在父母的帮助下尝试通过上网查找资料、翻阅图书等途径自己解答。他们在古诗《慈母吟》的配套图片中发现了灯台的图片，知道古时候的人们是靠点油来照明的；在查找老鼠生活习性的过程中明白：老鼠嗅觉很灵敏，能闻到各种香喷喷的东西，灯油也是它们的美味佳肴。幼儿理解了游戏的内容，在表演的过程中更投入。幼儿运用自己的方式理解内容，接受挑战，不仅体验到了游戏的快乐，更引发了思考与学习的主动性、积极性，体验到了探究的快乐！

（三）鼓励幼儿主动创造

在语言类民间传统游戏《问答歌》中："谁会飞，鸟会飞，鸟儿怎样飞？扑扑翅膀去又回……"教师引导幼儿在理解内容、感知句式的基础上发挥创意改编内容："谁会游？龟会游，伸伸脖子游呀游"。在运动类民间传统游戏中同样如此，要多给幼儿独立自主的空间，鼓励他们边思考边尝试创新，做游戏的小主人，比如在"滚铁环"、"踢毽子"、"跳花绳"、"玩报纸"等各种游戏中，让幼儿一物多玩，相互学习，在挑战中体验成功的欢乐。

经过改编和创新的民间传统游戏正以崭新的面貌进入当下幼儿的生活，并作为一种有益的课程资源渗透于幼儿园的一日生活之中，广大幼儿教师在加强对传统民间游戏的整理和进行创新工作的同时，还应继续积极思考，总结幼儿园指导民间传统游戏的方法和策略，力争用自己的智慧使民间游戏这一古老的教育资源在现代幼儿教育中焕发出新的活力。

延伸阅读

1. 《民间游戏在幼儿园活动中的应用》，智学、张建岁编著，高等教育出版社，2012年版。

    该书全面、系统地阐述了我国民间游戏的历史发展、教育价值与开发策略等，列举了幼儿园在实际教育、教学活动中运用民间游戏素材的典型案例，具有较强的应用性，可以开阔广大幼教工作者设计与开发儿童游戏活动的视野和思路。

2. 《民间游戏走进幼儿园》，丁亚红主编，河北大学出版社，2014年版。

    该书把河北地区各类民间游戏与现代幼儿园教育相融合产生的诸多问题作为重点，进行了深入研究。全书共分三个部分，追溯了河北省民间游戏的起源，探析了民间游戏的特点与教育价值，并结合幼儿园一日生活或主要活动形式，探索了民间游戏与幼儿园课程的整合模式，对民间游戏在幼儿园的应用和开发进行了详细、全面的讲解，并列举了大量案例来说明民间游戏在幼儿园活动中的应用要点。

第四章
幼儿园民间传统游戏的素材

章前导读

我国幅员辽阔，各地的文化风俗丰富多彩，其中民间传统游戏的内容和表现形式也异彩纷呈，这些都为幼儿园开展民间传统游戏提供了丰富的教育资源。本章依据幼儿的年龄特点和身心发展水平精心整理了一些游戏素材。依据游戏的内容与功能，将幼儿园民间传统游戏分为语言类、运动类、智力类与艺术类四大类型，并详细介绍了一些游戏的玩法，教师可根据自己的活动要求从中选择和灵活运用。

图4-1　滚铁环

第一节　语言类民间传统游戏素材

　　语言类民间传统游戏中配有经典的童谣，可为幼儿的语言学习提供丰富的语言元素，创造自然的语言情境，让幼儿从中习得大量的词汇、语法规则和多样化的表达方式，促进幼儿的语言发展。如说快板游戏、绕口令、连锁调儿歌接龙、颠倒歌、问答歌、拍手歌游戏，以及一些其他语言类游戏。

一、说快板游戏

　　游戏目标：初步了解快板词的特点，根据诗歌韵律有节奏地打快板。

　　游戏准备：与幼儿人数相等的快板。

　　游戏玩法：一人或多人玩游戏。两手拿快板，边敲打，边念快板词。

快板书一：《人人都爱好儿童》

　　爱粮食，爱东西，什么东西都爱惜。爱树木，不折花，不在墙上画王八。睡得早，起得早，早睡早起身体好。跑的跑，跳的跳，可是谁也不胡闹。又有说，又有笑，打架骂人可真臊。不爱哭，不乱吵，身体结实学习好。唱完了，这一段，明天早上梳小辫儿。你们是，好儿女，不怕风来不怕雨。有劲头，力量大，什么困难也不怕。花也红，旗也红，人人都爱好儿童。

快板书二：《一园青菜成了精》

　　出了城门正往东，一园青菜成了精。绿头萝卜坐大殿，红头萝卜掌正宫。江南反了白莲藕，一封战表打进京。豆芽菜跪下奏一本，胡萝卜挂帅去出征。白菜打着黄罗伞，荠菜前去做先锋。小葱使的银杆枪，韭菜使的两刃锋。牛腿葫芦放大炮，绿豆角子点火绳。轰隆隆三声大炮响，打得辣椒满山红，打得茄子一身紫，打得扁豆扯起棚，打得大蒜裂了瓣，打得黄瓜上下青，打得豆腐尿黄水，打得凉粉战兢兢。藕王一见害了怕，一头钻进泥土中。

快板书三：《夸夸我们的幼儿园》

小竹板，响得欢，小朋友们笑开颜，上台不把别的表，夸夸我们的幼儿园。

早上一进幼儿园，优美环境现眼前，卫生保健搞得好，清洁消毒少不了。正餐加点营养高，宝宝身体棒棒棒，棒棒棒！

手工区角玩具多，智力开发来探索。体育活动不间断，内容丰富种类多，广播体操认真做，德智体美齐发展，小朋友们素质高，素质高！

我们老师本领强，耐心亲切像妈妈，培养我们顶呱呱，儿歌读得快又准，游戏故事都拿手，画画剪纸样样行。人人见了人人夸，人人夸！

咱们××幼儿园，宝宝成长好乐园，岁月如歌时光转，幼儿园一年胜一年，胜一年！

快板书四：《春天到》

春天到，真热闹，桃树柳树把春报，青蛙螳螂乐开怀，小黑燕子不停叫。人们脱去大棉袄，换上春装戴草帽。春天到，真热闹，大地复苏人欢笑。

二、绕口令游戏

游戏目标：能口齿清楚、发音准确、流利地说绕口令。

游戏玩法：首先将绕口令背诵熟练，然后开展绕口令竞赛，请一公证人评选出说绕口令最流利且不出错的幼儿，封其为绕口令大王。

绕口令一：《一个瓜》

金瓜瓜，银瓜瓜，院里瓜棚结瓜瓜。瓜瓜落下来，打着小娃娃，娃娃叫妈妈，妈妈抱娃娃，娃娃怪妈妈，瓜瓜笑娃娃。

绕口令二：《葡萄皮儿》

吃葡萄不吐葡萄皮儿，不吃葡萄倒吐葡萄皮儿。

绕口令三：《大兔子和大肚子》

大兔子，大肚子，大肚子的大兔子，要咬大兔子的大肚子。

绕口令四:《鼓上画只虎》

鼓上画只虎,破了拿布补。不知布补鼓,还是布补虎。

绕口令五:《瓜儿大》

西关队种冬瓜,东关队种西瓜。西关队夸东关队的西瓜大,东关队夸西关队的冬瓜大。西瓜大,冬瓜大。冬瓜大,西瓜大,今年的瓜儿个个大。

绕口令六:《打醋买布》

一位爷爷他姓顾,上街打醋又买布。买了布,打了醋,回头看见鹰抓兔。放下布,搁下醋,上前去追鹰和兔。飞了鹰,跑了兔,打翻醋,醋湿布。

绕口令七:《坛子罐,罐子坛》

坛子罐,罐子坛,提起那岳麓山就真好玩。白鹤泉的水,真好恰,下克就是五伦塔。五伦塔,八杂角,下克就是湖南大学。湖南大学,走半天,一走走到湘江边。湘江边,搭轮渡,一搭搭到五一马路。五一马路,糖粒子多,男女老少起吆喝,婆婆子打架脚踩脚,细伢子打架揪耳朵。

绕口令八:《扁担长板凳宽》

扁担长,板凳宽。板凳没有扁担长,扁担没有板凳宽。扁担要绑在板凳上,板凳偏不让扁担绑在板凳上。

绕口令九:《十和四》

四是四,十是十,十四是十四,四十是四十。莫把四字说成十,休将十字说成四。若要分清四十和十四,经常练说十和四。

绕口令十:《数狮子》

公园有四排石狮子,每排是十四只大石狮子,每只大石狮子背上是一只小石狮子,每只大石狮子脚边是四只小石狮子,史老师领四十四个学生去数石狮子,你说共数出多少只大石狮子和多少只小石狮子。

三、连锁调儿歌接龙游戏

游戏目标:提高思维能力和语言表达能力。

游戏玩法：多人围坐在一起，选出一名幼儿开头（或猜拳决定谁来开头），念连锁调儿歌的第一句，其他幼儿轮流一人接一句。

游戏规则：连锁调儿歌接龙既要接得快又要接得准，两人玩时如果谁反应慢了或接错了，就"刮鼻子"以示惩罚，两人以上玩时若有谁出错就罚其退出游戏一次。

连锁调儿歌一《盖花楼》：

盖，盖，盖花楼。花楼低，碰着鸡。鸡下蛋，碰着雁。雁叼来，碰着小孩就是你。

连锁调儿歌二《谁跟我玩儿》：

谁跟我玩儿，打火镰儿。火镰花，卖甜瓜；甜瓜苦，卖豆腐；豆腐烂，卖鸡蛋；鸡蛋香，卖生姜；生姜辣，造宝塔；宝塔高，剁三刀；三刀快，切青菜；青菜青，上北京。上北京，去干啥？游故宫，登景山，再去逛逛颐和园。

连锁调儿歌三《懒汉懒》：

懒汉懒，织毛毯，毛毯织不齐，就去学编篱。编篱编不紧，就去学磨粉。磨粉磨不细，就去学唱戏。唱戏不入调，就去学抬轿。抬轿抬得慢，只好吃白饭。白饭吃不成，只好苦一生。

连锁调儿歌四《板凳板凳歪歪》：

板凳板凳歪歪，里面坐个乖乖。乖乖出来买菜，里面坐个奶奶。奶奶出来烧汤，里面坐个姑娘。姑娘出来梳头，里面坐个小猴。小猴出来作揖，里面坐个公鸡。公鸡出来打鸣，里面坐个豆虫，豆虫出来咕咕茸，咕咕茸。

连锁调儿歌五《屋里点个灯》：

屋里点个灯，灯底下是个炕，炕边上长棵葱，葱头上钉个钉。钉上挂只鹰，鹰脖里挂张弓。忽然刮了一阵风，刮灭了灯，刮平了炕，刮倒了葱，刮掉了钉，刮飞了鹰，带走了弓。

四、颠倒歌游戏

游戏目标：提高思维反应能力，增强语言的幽默感。

游戏玩法：多人玩游戏。幼儿熟悉颠倒歌之后，分成人数相等的甲乙两队相对而坐。甲队轮流派幼儿说颠倒歌的每一句，乙队队员要从反悟正，迅速说出正确的语句。如甲队队员说"小花驴，汪汪叫"后，乙队队员指正"小花狗，汪汪叫"。

游戏规则：乙队指正时要反应迅速而且准确，若反应慢或出错则意味着失败，两队交换位置游戏重新开始。

颠倒歌一《小花驴》：

小花驴，汪汪叫。蚂蚁过河压断桥。葫芦沉了底，石头水上漂。我说这句你不信，老鼠叼着狸猫走。

颠倒歌二《东西街，南北走》：

东西街，南北走。忽闻门外人咬狗，拿起门来推开手。拾起狗来打砖头，又被砖头咬了手。骑了轿子抬了马，吹了锣鼓打喇叭。

五、问答歌游戏

游戏目标：提升幼儿的思维能力和语言表达能力。

游戏玩法：可两人玩，也可两组玩。幼儿熟悉儿歌后，分为甲乙双方进行对歌，甲队先问，乙队幼儿来回答。

游戏规则：提问回答要迅速且准确，否则游戏失败，重新换角色开始。

问答歌一《谁会这样》：

谁会飞？鸟会飞。鸟儿怎样飞？扑扑翅膀去又回。谁会游，鱼会游，鱼儿怎样游？摇摇尾巴摆摆头。谁会跑？马会跑。马儿怎样跑？四脚离地身不摇。谁会爬？虫会爬。虫儿怎样爬？许多脚儿慢慢爬。

问答歌二《什么尖尖尖上天》：

什么尖尖尖上天？宝塔尖尖尖上天。什么尖尖在水边？菱角尖尖在水边。什么尖尖街上卖？粽子尖尖街上卖。什么尖尖姑娘前？花针儿尖尖姑娘前。

什么圆圆圆上天？太阳圆圆圆上天。什么圆圆在水边？荷叶圆圆在水边。什么圆圆街上卖？烧饼圆圆街上卖。什么圆圆姑娘前？镜子圆圆姑娘前。

问答歌三《我来唱，你起来对》：

什么鸟穿青又穿白？什么鸟穿着皂靴来？什么鸟身披十样锦？什么鸟穿着蓑衣来？

喜鹊穿青又穿白，乌鸦穿着皂靴来，锦鸡身披十样锦，鹌鹑穿着蓑衣来。

什么虫有头没有尾？什么虫有尾没有头？什么虫有头又有尾？什么虫没尾又没头？

蜘蛛有头没有尾，蝎子有尾没有头，蛐蛐有头又有尾，蚯蚓没尾又没头。

六、拍手歌游戏

游戏目标：能两两合作边念儿歌边游戏，促进同伴交往。

游戏玩法：两名幼儿相对而坐，边交叉拍手边念儿歌，并创编相应的动作。

儿歌《你拍一，我拍一》：

你拍一，我拍一，一个小孩儿坐飞机；

你拍二，我拍二，二个小孩卖冰棍儿；

你拍三，我拍三，三个小孩儿吃饼干；

你拍四，我拍四，四个小孩儿打蚊子；

你拍五，我拍五，五个小孩儿齐打鼓；

你拍六，我拍六，六个小孩儿吃大肉；

你拍七，我拍七，七个小孩儿做游戏；

你拍八，我拍八，八个小孩儿看西瓜；

你拍九，我拍九，九个小孩儿找朋友；

你拍十，我拍十，十个小孩儿吃果子。

图 4-2　拍手歌

拍手歌二《凑十歌》：

你拍一，我拍九，好朋友一和九，我们一起握握手；

你拍二，我拍八，好朋友二和八，我们一起吹喇叭；

你拍三，我拍七，好朋友三和七，我们一起爬楼梯；

你拍四，我拍六，好朋友四和六，我们一起扭纽扣；

你拍五，我拍五，好朋友五和五，我们一起跳跳舞。

七、其他语言类游戏

1. 摇到外婆桥

游戏目标：提高语言表达能力和同伴交往水平。

游戏玩法：幼儿两两一组，一前一后坐在地上，后面一个幼儿双手搭

图 4-3　摇到外婆桥

在前面幼儿的肩上边念歌谣边摇动身体。

游戏规则：双方朝一个方向摇动。

儿歌：

摇啊摇，摇到外婆桥。摇啊摇，摇到外婆桥。每天清晨放牛又割草，每天清晨上学又做操。外婆每天夸我好宝宝。

2．点点虫

游戏目标：能边说童谣边做动作，锻炼手指灵活性。

游戏玩法：伸出两手的食指作"虫"，边念童谣边玩，每念一个字食指都相碰一次，念到"飞"时两指分开，念到"啼"时两指并拢上下动一动做公鸡打鸣的动作，念到"扑啦啦，飞上天"时，两手分开做小鸟飞的动作。

儿歌：

点点虫，虫会飞。点点鸡，鸡会啼。点点鸟，鸟飞了。扑啦啦，飞上天。

3．手偶游戏

游戏目标：通过角色间的对话交流提升语言表达能力。

游戏准备：与故事相关的手偶若干。

游戏玩法：幼儿选一个熟悉的故事，根据故事内容分配好游戏角色，戴上相应的手偶。比如《两只笨狗熊》的故事，两名幼儿戴上狗熊手偶，用憨厚的声音模仿狗熊说话，另一名幼儿戴上狐狸的手偶，用狡猾诙谐的声音表现贪婪的狐狸。

4．蒸馍馍

游戏目标：培养语音节律感及动作和语言的协调性。

游戏玩法：幼儿面对面坐，左右手相互交错放在膝盖或桌子上。游戏开始，两人边念儿歌边轮流抽出最下面的手，搭在最上面，反复进行。

图4-4　幼儿手偶讲故事

游戏规则：儿歌不能念错，抽手要快且有节奏。

儿歌：

小狗熊，离开窝。来到河边蒸馍馍。和好面，点着火，只有锅盖没有锅。小狗熊，忙回窝，一看气得发了火。窝里有锅没有盖，窝外有盖没有锅。

5．手心手背

游戏目标：提升反应能力和判断能力。

游戏玩法：3～5人参与游戏。幼儿随意坐，边念儿歌边做动作。念"前前后后，左左右右"时按相应方位拍手，念到"轱辘轱辘锤，轱辘轱辘叉"时，两手握拳屈肘在胸前转动，念"锤"时出拳，念"叉"时出食指和中指作剪刀状。念到"我出小手1、2、3"时两手放背后，念到"手心，手背"时迅速伸出手心或手背。当有幼儿出手类型和其他人不一样时，"惩罚"其学小狗叫。

儿歌：

前前后后，左左右右。轱辘轱辘锤，轱辘轱辘叉。我出小手1、2、3，手心，手背。

6．老鼠娶亲

游戏目标：提升语言能力与反应能力。

游戏玩法：两人游戏。先说童谣，并根据童谣内容做一系列动作：抬花轿（两手臂屈放至与肩同高），放鞭炮（双手平举），吹喇叭（双手握圈放在嘴边），真热闹（拍手），来贺喜（拱起双手），全吃掉（张大嘴巴）。一名幼儿念儿歌越念越快，另一幼儿做动作也要随之越来越快。

图4-5 老鼠娶亲

游戏规则：要根据念儿歌的速度来做动作。若有一名幼儿出错，另一名幼儿就可刮对方的鼻子以示惩罚。

儿歌：

八只老鼠抬花轿，两只老鼠放鞭炮。四只老鼠吹喇叭，呜里哇啦真热闹。老猫听到来贺喜，一口一口全吃掉。

7．拔萝卜

游戏目标：提升语言表达能力和合作能力。

游戏玩法：游戏开始前，先选出一个人当萝卜，其他小朋友扮演拔萝卜的人。扮萝卜的小朋友先坐在地上或小凳子上，其他小朋友排成一长串，站在萝卜对面。第一位小朋友双手拉着萝卜的双手，后面的人用双手搂着前面人的腰。当游戏开始后，大家一边用劲往回拉，一边唱"拔萝卜"儿歌。当唱到"哎哟，哎哟，拔出来"时，扮萝卜的小朋友站起来，好似萝卜被拔起来了。

儿歌：

拔萝卜，拔萝卜，哎哟，哎哟，拔不动。拔萝卜，拔萝卜，哎哟，哎哟，拔出来。

8．公鸡头母鸡头

游戏目标：提升语言表达能力。

游戏准备：可以藏在手心的小物件一个。

游戏玩法：教师在任意一只手心里放一样东西，让小朋友猜。

儿歌：

公鸡头，母鸡头，公鸡母鸡吃黄豆。东一颗，西一颗，猜猜黄豆在哪头？

9．做豆腐

游戏目标：复习称谓词。

游戏玩法：两人一组面对面坐着，双手相拉，顺着一个方向做"推磨"状。同时进行一问一答，如果回答不出或回答重复，问答双方调换角色重新开始游戏。

图4-6　做豆腐

游戏规则：一问一答，顺着一个方向做"推磨豆腐"状，动作要协调。

儿歌：

齐：推推磨，拉拉磨，你推我拉做豆腐。

问：做好豆腐谁来吃？

答：外婆吃。

问：外婆不吃谁来吃？

答：舅妈吃。

问：舅妈不吃谁来吃？

答：舅舅吃。

10．打电话

游戏目标：能听懂别人说话的内容并正确地传给其他人。

游戏玩法：将幼儿分成四组，每组留人，每组由开头的幼儿说一句话，依次传话给下一位幼儿，直到最后一名幼儿说出自己所听到的话，哪组传话无误则为胜。

图 4-7　打电话

11．拔木橛

游戏目标：提升语言表达能力和合作能力。

游戏玩法：以3位幼儿一起游戏为例。先由甲伸出一只手，手握拳，大拇指向上直立。乙也伸出一只手，握住甲的大拇指。丙再握住乙的手，第一轮握完。第二轮也先由甲伸出另一只手握住丙的手。再依次往上拔，越拔越高，手握手呈木橛状。当大家的手都用上后，最下面的手再抽出，握在最上面。一边玩，一边唱歌谣。

儿歌：

拔木橛，拔木橛，拔来拔去拔不完；你不懒，我不惰，大家不要再贪玩；用力拔，快点拔，拔完木橛好回家。

第二节　运动类民间传统游戏素材

运动类民间传统游戏是一种强调肢体运动和动作发展的游戏，游戏中涉及走、跑、跳、投掷、攀爬等运动技能，游戏地点多在户外，在活动中可锻炼幼儿的大小肌肉，训练身体各部分的协调能力，有益于幼儿身心的健康发展。运动类民间传统游戏大致可划分为平衡能力游戏、手眼协调游戏、追逐类游戏、灵敏及反应能力游戏和其他一些综合类运动游戏。

一、平衡能力游戏

1．编花篮

游戏目标：练习单脚跳，发展平衡、协调能力。

游戏玩法：3个以上幼儿参与游戏。游戏开始前，所有幼儿围成一个圈，幼儿都将自己的右腿往后抬起，勾搭在后面幼儿弯着的大腿上，等大家都站好后，齐声喊"预备起",就开始用左脚沿圆圈的顺时针方向跳,一边跳一边唱儿歌。当唱到"蹲下去,起不来"时,大家一起做下蹲的动作,从"一五六,一五七"开始大家一起用单脚绕圈跳,儿歌唱完游戏结束。如果有幼儿的腿掉下来,则重新开始。

儿歌:

编,编,编花篮,花篮里面有小孩儿,蹲下去,起不来,一五六,一五七,一八,一九,二十一,二五六,二五七,二八,二九,三十一……九五六,九五七,九八,九九,一百〇一。

2．走大鞋

游戏目标:发展幼儿的平衡能力及互相协作的精神。

游戏准备:用竹子或木版和宽牛筋自制的"大鞋"。

游戏玩法:两至三人一组,把脚穿进大鞋,幼儿必须在同一时间出同一只脚(左脚或右脚),保持身体平衡,一起努力协调地向前走。任何幼儿摔倒则必须重新穿鞋,继续前进。

3．撞拐

游戏目标:锻炼身体平衡的能力和耐力。

游戏准备:在一块平整的地面上画2个直径1米左右的圆圈,相距3～5米远,作为两队的阵地。

游戏玩法:游戏开始前,两队各派一位队员进入自己的圆圈阵地。一队进攻,一队防守,以猜拳决定先进攻的队。

游戏开始,两队队员均用双手把自己的一条腿抬起,另一条腿单腿站立。先进攻的队员要从自己的阵地出发,向对方的圆圈阵地跳去。进攻队员要用自己的身体撞击防守的那方队员,双手不能拉扯对方,否则算犯规。进攻队员和防守队员都要注意保持自己身体的平衡,防止对方将自己撞倒。被击出阵地、双脚落地,或失去平衡倒下的为输。

4．金鸡独立

游戏目标:练习单脚站立,训练平衡力。

游戏玩法：幼儿单脚站立，另一只脚不能落地。坚持时间长者为胜。

5. 迷迷转

游戏目标：训练平衡能力。

游戏玩法：幼儿双臂侧平举，在原地自转。一边转一边念儿歌："迷迷转，迷迷转，大风吹来快快站"。当念到"站"字时，孩子马上停止自转、站定。停止后站稳不动的孩子为胜。

二、手眼协调游戏

1. 拍球

游戏目标：训练手眼协调和身体灵敏性。

游戏准备：小皮球。

游戏玩法：

（1）单人拍球：幼儿用一只手一下一下有节奏地拍球，一边拍球一边数数，也可以左右手轮换着拍球；然后再练习一边走一边拍球，熟练后可以练习一边跑一边拍球。

（2）双人互换拍球，两个人面对面，中间相距2米左右，一人先将皮球拍向两人中间，待皮球弹向对面一人，对面人接着将皮球拍回给对方，一来一往拍下去。

2. 打保龄球

游戏目标：锻炼手臂力量及手眼协调能力。

游戏准备：开阔平坦场地一块；矿泉水瓶10个摆成正三角形，小皮球。

游戏玩法：幼儿站在离矿泉水瓶5米的地方，持小皮球模仿打保龄球的动作，对准瓶子，用力将皮球沿地面抛出，比比看谁一次击倒的瓶子最多。

3. 砸坑

游戏目标：练习近距离投掷，训练手眼协调能力。

游戏准备：小石头若干；地上挖一个小坑，能放一定数量的小石头，坑外画一个圆圈。

游戏玩法：所有幼儿将自己的小石头放到手里藏到身后，一起伸出手比多少，谁的小石头多谁第一个进行游戏。每人手里留一个小石头，将其余小石头全部放进坑里。所有人站在圆圈外，按照排名顺序，先后用自己手中的小石头砸坑中的小石头，砸出坑的小石头归砸者所有。

三、追逐类游戏

1．红花红花几月开
游戏目标：提高跑步速度及躲闪能力。

游戏玩法：人数不限，一名幼儿蹲在圆心做"花蕊"，其他幼儿靠近"花蕊"手拉手组成一个小圆圈为"花瓣"，"花瓣"边摆手边问："红花红花几月开？""花蕊"答："一月不开二月开。"再问"二月不开几月开？"答："二月不开三月开。"……（注意：花要过十二月后才可以开放）"花瓣"边问边向后退，圆圈逐渐扩大，直到"花蕊"说："现在红花朵朵开"时，"花瓣"松手四散跑，"花蕊"追捉，被捉到的人当花蕊，游戏重新开始。

2．地雷爆炸
游戏目标：锻炼奔跑能力和反应能力。

游戏玩法：先猜拳决出追逐者，其余幼儿为逃跑者。逃跑者可以四散跑，追逐者只要能捉到一个人就算胜利。逃跑者保护自己的办法就是，快被捉住时，可以立即蹲下说"地雷"，追逐者就必须停止追他，另找目标追逐。而"地雷"只能原地不动地蹲着，等其他人来拍一下，并喊"爆炸"，才算被解救，可继续奔跑。被捉住者为第二轮游戏的追逐者。

3．踩影子
游戏目标：练习四散追逐跑，发展动作的灵敏性。

游戏准备：有太阳的天气，宽敞的户外活动场地。

游戏玩法：在有太阳的天气，相约到空旷的平地上，两人或三人一组，背对太阳投出影子，互相踩对方的影子，以踩到对方影子头部的次数最多为胜。

图4-8　踩影子

4. 老鹰捉小鸡

游戏目标：练习躲闪和跑的能力，提高身体的灵活度和协调性。

游戏玩法：8～10人一组，老师或者幼儿作"鸡妈妈"，另一名老师或幼儿为"老鹰"，其余幼儿拽着"鸡妈妈"或前一幼儿的衣服作"小鸡"，躲在"鸡妈妈"身后。游戏开始时，"老鹰"去捉队伍最后一只"小鸡"，"鸡妈妈"张开双手当翅膀左右移动，保护"小鸡"，"小鸡"则随着"鸡妈妈"的移动进行躲闪，不让"老鹰"抓住。当被捉"小鸡"超过"小鸡"总数一半，游戏重新开始。

5. 老鼠笼

游戏目标：练习躲闪，提高幼儿动作的灵活性。

游戏玩法：将幼儿分成两组，一组幼儿手拉手围成一个大圆圈作老鼠笼，另一组站在"笼"内作"老鼠"。游戏开始，做"鼠笼"的幼儿手拉手举起并念儿歌："老鼠老鼠坏东西，偷吃粮食真可恨，我们搭个老鼠笼，咔嚓一声捉住你。"在念儿歌时，扮老鼠的幼儿在"笼"的周围钻进钻出，当念到"咔嚓一声捉住你"时，扮"笼"的幼儿立即蹲下，在圈内的"老鼠"算被捉住，下一轮转换为"笼"的角色。

6. 切西瓜

游戏目标：能按一定方向绕圈快速奔跑并能观察同伴位置进行躲闪。

游戏玩法：几位幼儿手拉手围成一个大圆圈（做"大西瓜"）。一位幼儿边念儿歌边绕着圆圈走，并做"切西瓜"的动作，念到最后一个字时，将身边两位幼儿拉着的手切开，然后站在被切开的位置。被切到的两位幼儿则必须立即朝不同方向跑一圈，再回到原位，先到达原位者即为再次游戏的"切瓜人"。

儿歌：

切，切，切西瓜，这里的西瓜大又圆，一刀下去切两半。

7．三个字

游戏目标：练习追逐跑，训练反应能力。

游戏玩法：一名幼儿当追逐者，其他幼儿作被追逐者。游戏开始，追逐者随意去追其他奔跑的幼儿，当被追者快要被追上的时候，要快速说出三个字，如名字、动物、植物等，但必须是三个字，说完后马上站在原地不动，等追逐者离开了，可以继续奔跑，被捉住或说错的幼儿与追逐者互换角色。

8．官兵捉贼

游戏目标：练习追逐跑。

游戏准备：在场地上相距10米远处画两个大圆圈，为红蓝两队的大本营。

游戏玩法：游戏开始前，用猜拳来分出红、蓝两队，各有一个大本营。由猜拳决定哪队先当官兵，比如让红队当官兵来捉蓝队的贼。贼离开自己的大本营，官兵出动来捉贼，实际上是一人逃跑，一人追赶。当红队的官兵捉住蓝队的贼后，就把贼押至本队大本营中。这时红队的官就要分成两拨，一拨人看守大本营，防止贼被其同伴救走。另一拨人继续去捉贼。当蓝队的同伴突袭红队的大本营时，只需用手触碰本队同伴，这个被擒住的贼就获救了，如果好几个贼都被捉了，他们就拉起手来，其中一个人的一只脚站在圆圈里，其他人都可以站在圆圈外，拉成一个大长串，其中只要有一个贼被同伴碰到，他们就全部得救了。获救的贼可以再次进入游戏中，继续奔跑当贼。如果官兵把贼全都抓到本队大本营了，当官兵的队就赢得了胜利。

四、灵敏性及反应能力游戏

1．脚尖脚跟脚尖踢

游戏目标：提高平衡能力和反应能力。

游戏玩法：两名幼儿手拉手相对站好，一人先出左脚，一人先出右脚，边念儿歌边跳，"脚尖（脚尖朝后点地），脚跟（脚跟朝前点地），脚尖踢（用脚尖在对方两脚中间点地，接着两人脚掌相对碰一下）"，念第二遍时换脚重复以上动作。

儿歌：

脚尖，脚跟，脚尖踢，两只小脚齐点地。左脚右脚，对对碰，一对伙伴做游戏。

2．一网不捞鱼

游戏目标：锻炼动作的灵敏性。

游戏玩法：选两人当渔网，面对面站好，双手拉起来，向上举起，其他幼儿当小鱼，"小鱼"们排成一排，后面的人双手搭在前面人的肩膀上。游戏开始后，"小鱼"们钻过"渔网"，一边走一边念儿歌。排前面的幼儿钻过"渔网"后，再排在"小鱼"队伍的最后依次不停地钻过去。当又一次唱到"三网就捞小尾巴鱼"时，"渔网"双手放下，捉住一条"小鱼"。

儿歌：

一网不捞鱼，二网不捞鱼，三网就捞小尾巴、尾巴、尾巴——鱼。

五、其他运动类游戏

1．齐心协力（多人多足）

游戏目标：发展身体平衡能力、协调能力及合作能力。

游戏准备：穿有松紧带的竹竿若干对。

游戏玩法：2～4人一组排成一列纵队，每人两脚分别踏入左、右两竹竿的松紧带内，双手扶住前一人的腰部或搭于其肩头，几人互相配合，协调一致地向前、向后或横向走，熟练后可几组进行比赛。

图4-9　多人多足

2. 我们都是木头人

游戏目标：提高自我控制的能力。

游戏玩法：幼儿围在一起，念完最后一个字时做一个动作，其余幼儿迅速模仿后静止不动，学错动作或先动者为输。幼儿边拍手边念儿歌边自由走动，念到最后一个字时，停下不动，谁动了就为失败者。

游戏规则：念到最后一个字时所有人不能再动了。

儿歌：

山山山，山上有个木头人，三三三，三个好玩的木头人，不许说话不许动，还有一个不许笑。

3. 翻饼烙饼

游戏目标：锻炼手臂及肩部肌肉。

游戏玩法：两名幼儿背靠背站好，两人的双臂相互扣住。游戏开始时，甲先弯下腰，并将乙背到背上；当乙落地后，乙再弯腰背甲，甲乙双方重复做这组动作。一边游戏一边唱："翻饼，烙饼，油炸馅饼，翻过来，掉过去，熟了。"

4. 石头剪刀布

游戏目标：锻炼腿部力量和弹跳力。

游戏玩法：这是一种要用腿和脚做动作决定输赢的游戏，可以两人或多人组队一起玩。参与游戏的小朋友面对面站立，边念口令"石头剪刀布"边双脚立定跳，当念到最后一个字"布"时用腿和脚摆出造型：双脚并拢作"石头"，双腿一前一后伸开作"剪刀"，双腿"一字"叉开作"布"。最终的动作决定两人的输赢，"布"赢"石头"，"石头"赢"剪刀"，"剪刀"赢"布"。

5. 骑马打仗

游戏目标：提高腿部力量，提高协同配合的能力。

游戏玩法：玩骑马打仗游戏的骑法，一般有两种，一种是背背式，一种是坐肩式。

参加游戏两人组成一组，以一位家长当马，一位幼儿当骑手的组合比较好。没有家长参加时，也可由身强力壮的小朋友当马，身材瘦小的幼儿当骑手。

游戏玩法也有两种。第一种玩法：组好队后，"马"将"骑手"背起，或让"骑手"坐在自己肩上，"骑手"用手拉扯对方的"骑手"，"马"用身体撞对方的"马"，如果哪一队的骑手被拉下"马"或"马"被撞倒，对方为赢家。第二种玩法：在场地上画好起点线和终点线，游戏开始前，每组人马都站在起跑线后，一声令下，所有"马"开始奔跑，哪队先到达终点，就赢得胜利。

6. 钻山洞

游戏目标：锻炼蹲走动作及身体协调能力。

游戏玩法：参加游戏的幼儿分成两组，一组负责搭"山洞"，另一组负责钻"山洞"。从山洞钻出来的幼儿跑到队尾处，继续钻"山洞"。

7. 夹包射门

游戏目标：锻炼下肢力量和身体协调性。

游戏准备：在场地上画一条起射线，然后在起射线正前方适当距离竖放一个呼啦圈。

游戏玩法：游戏开始，幼儿两脚夹住一个沙包，向前跳动。跳至起射线时，两脚将沙包向呼啦圈中央投射。

第三节 智力类民间传统游戏素材

智力类民间传统游戏是根据一定的智育任务设计的有规则的游戏，充分体现了游戏的认知性。游戏充分调动幼儿眼、耳、口、手、脑等多种器官，使注意、记忆、思维和语言等多种认知能力得到提高，也锻炼了推理和解决问题的能力。智力类民间传统游戏主要包括观察力游戏、想象力游戏、反应力游戏、思维力游戏。

一、观察力游戏

1．迷宫

游戏目标：增强观察力和动作协调性。

游戏准备：将吸管固定在鞋盒盖上设置迷宫的路径，在迷宫起点处放入小球。

游戏玩法：幼儿通过摇动鞋盒盖，将小球从盒盖边缘入口处进入迷宫，沿着迷宫路径滚到终点。

图4-10　迷宫

2．捉迷藏

游戏目标：训练观察能力及自控能力。

游戏玩法：一名幼儿为"找者"，在指定的"家"中闭眼大声数数，其他幼儿为"藏者"，迅速藏好。"找者"数到10后，就离开"家"去找人。藏的人隐藏不动，只要有一名隐藏的幼儿被"找者"发现，就替换为下轮游戏中的"找者"。游戏继续进行。

注意事项：玩游戏前要商定藏的范围和"家"的位置，躲藏的幼儿不能藏在指定范围以外的地方。"找者"在数到10前不能睁眼也不能离开"家"。

3．种莲子

游戏目标：培养幼儿的注意力和观察能力。

游戏准备：莲子或小豆子。

游戏玩法：游戏开始时，幼儿围成圆圈两手合在一起做捧物状，两手不能随便张开，"种莲子"的幼儿拿着一颗莲子（或小豆子），沿着圆圈依次向每个幼儿手里"种"，负责猜的幼儿注意观察。这时全体幼儿念儿歌："种莲子，开荷花，莲蓬、莲子在哪家？在东家，在西家，请个小朋友来看花。""种莲子"的幼儿悄悄把"莲子"放在某个幼儿手里，"种"过一圈之后，请猜的幼儿来猜莲子被

"种"在哪个人的手里。如果连猜三次没有猜中。则游戏调换角色，重新开始。

二、想象力游戏

1．做冰块

游戏目标：发展想象力。

游戏玩法：教师和幼儿一起念儿歌："做冰块，做冰块，有的大，有的小，有的方，有的圆。"念到最后一个字时，每个幼儿都必须停住不动，并尽量摆出各种不同的身体姿势，将自己变成各种不同造型的"冰块"。谁动了，则要受惩罚。如让他伸出一只手，周围的同伴一起念："你是一个小调皮，伸出手来打三下，一二三。"轻轻打过后，游戏继续。如没有人动，教师可说"太阳出来了，冰块融化了"，幼儿才可以自由走动。游戏可反复进行。

2．七巧板

游戏目标：提高想象力和判断能力。

游戏玩法：将七块板拆开，用七块小板拼凑成各种图形，如人物动态、动物植物、山亭楼阁、船轿车马、花卉鸟虫、太空星象，以及各种几何图形。可一个人玩，亦可几个人进行各种比赛。

三、反应力游戏

1．猜正反

游戏目标：锻炼反应能力。

游戏准备：硬币（或瓶盖或树叶等）。

游戏玩法：两人玩，甲将硬币向上抛，同时猜硬币落地后朝上的一面是正面还是反面，猜中则收为己有。

图4-11　猜正反

最后看谁的硬币多。

注意事项：硬币有数字的一面为正面，另一面为反面。

2．碰球

游戏目标：发展思维的敏捷性和快速反应能力。

游戏准备：数字卡片若干。

游戏玩法：先将幼儿分成人数相等的甲、乙两组（或四组），每组幼儿手拉手面对面站立，并在胸前贴上不同数字卡。游戏开始，老师报出一个数字，然后要求两组幼儿凑数，请一名幼儿再来"碰球"。比如，老师说出"5"，甲组幼儿念："朋友我问你，4球碰几球？"乙组的幼儿回答："朋友告诉你，4球碰1球。"此时。乙组胸前贴有数字卡片1的幼儿迅速过来"碰球"，把甲组4号幼儿（4与1凑起来就是老师说出的5）拉至乙组，没算对的就留在甲组，游戏就这样反复玩，最后哪一组的幼儿人数多就获胜。

注意事项：必须先由老师说出总数，再由两组来凑数。碰球的幼儿数没凑对时，不能返回原队。

3．正说反做

游戏目标：提高思维的敏捷性和反应能力。

游戏玩法：选1名幼儿当发号施令的人，其他幼儿站好，等候发令人发出指令，幼儿听到指令后，做出与指令相反的动作。如听到"向左转"，幼儿做出向右转的动作。

4．打手背

游戏目标：训练反应能力。

游戏玩法：一人将掌心向下悬空平放，另一人掌心向上和对方手掌相对。掌心向上者设法分散对方注意力，并迅速翻转手掌以掌击打对方手背，而对方则应迅速抽回手，以防被打。如打中，继续玩；如击空，则轮换角色。

5．喊数抱人

游戏目标：锻炼反应能力和协作能力。

游戏玩法：幼儿在规定范围内随意跑动或走动，由一名幼儿或老师当追逐者去追其他幼儿，被追到者退出游戏。在追逐过程中，当追逐者喊1～5种任意一个数字时，跑动的幼儿立刻根据所喊数字抱在一起（如喊4则4人抱在一起）。看谁速度最快，且人数正确。没有按要求人数抱在一起的退出游戏。留到最后的是胜利者。

6. 红灯、绿灯，马上开灯

游戏目标：训练反应力和身体控制能力。

游戏玩法：请一位幼儿背朝众幼儿做开灯者，站在场地的另一端，众幼儿随意行走或做各种姿势的动作。当开灯者大声说完"红灯、绿灯，马上开灯"转回头时，众幼儿必须立刻如木头人一般静止站立，直至开灯者再转回头。若在此间有人动了，将被请出游戏。游戏反复进行，坚持到最后者为胜，然后由胜者当开灯者。

7. 点点豆豆

游戏目标：训练反应能力。

游戏玩法：两名幼儿通过猜拳定输赢。输者手掌朝上，赢者伸出食指，在输者手心里边点边说儿歌："点点豆豆，开花石榴，小狗搬砖，一抓一千"。在说到"千"字时，输者要迅速抓赢者的手指。如果没有抓到则游戏继续，如果抓到则互换角色，继续游戏。

8. 金锁银锁

游戏目标：提升语言表达能力和反应的敏捷性。

游戏玩法：请一名幼儿做"关锁"人，该幼儿的两手掌作"锁"，手指张开，手心向下，其余幼儿的手指触在"关锁"人的手掌中。游戏开始，大家一起念儿歌，念毕，"关锁"人捏紧手掌，被捏住的幼儿站在场外。游戏重新开始。游戏时，"关锁"人必须等儿歌念完后才能把手掌关住，培养幼儿动作的敏捷性。

儿歌：

金锁银锁，金锁银锁，咔嚓一锁，嚓啦一锁。

四、思维力游戏

1. 抬轿

游戏目标：初步掌握对弈的规则和技巧。

游戏准备：石子（作棋子）。

游戏玩法：两人或三人玩游戏。三人玩时一名幼儿当裁判。在地上画一个棋盘，双方各10粒棋子。游戏开始，每步只能移动一个格子。如果前面一个格子是对方的棋子，并且该棋子后边有一个空格，便可以跳到该空格中去。如一方的某粒棋子被对方的两粒棋子夹在中间（称"抬轿"），则该粒棋子被对方吃掉。

2. 反口令

游戏目标：能根据口令做相反的动作，训练思维的逆向性及敏捷性。

游戏玩法：教师说口令，幼儿立即做出相反的动作。如教师说"起立"，幼儿就要坐着不动；教师说"举左手"，幼儿就要举右手；教师说"向前走"，幼儿就要往后退。谁做错了就算输了。

第四节　艺术类民间传统游戏素材

艺术类民间传统游戏是指借助歌唱、舞蹈、手工制作等艺术形式引导幼儿感受美、表现美与创造美的游戏活动，可分为音乐类民间传统游戏和美术类民间传统游戏。

一、音乐类民间传统游戏素材

1. 找朋友

游戏目标：使幼儿喜欢音乐游戏，促进同伴间的交往。

游戏玩法：游戏开始前，所有幼儿用手心手背法选出一位"找朋友"的幼儿，其他幼儿面朝里围成一个大圆圈，"找朋友"的幼儿站在圈内。当唱到"找到一个好朋友"时，找朋友的幼儿面对自己找到的好朋友停下来，当唱到"敬个礼呀握握手"时，找朋友的幼儿和被找到的小朋友面对面，互相做敬礼、握手的动作，当唱到"你是我的好朋友"时，两名幼儿互相手拉手原地转圈交换位置，当唱到"再见"时，两名幼儿互相挥手告别，由另一名的幼儿继续去找朋友，游戏继续。

2．小兔和狼

游戏目标：训练蹦跳、奔跑的能力。

游戏准备：音乐《小兔和狼》，小呼啦圈。

游戏玩法：选一名幼儿扮演"大灰狼"，其余幼儿扮演"小兔"。音乐开始，"小兔"边念儿歌边做双脚跳动作，在草地上蹲下"吃草"，当"哎呀，狼来了"的音乐响起时，"大灰狼"迅速跑出追逐"小兔"，"小兔"急忙跑回"家"（小呼啦圈）。

注意事项：当音乐"哎呀，狼来了"响起，"大灰狼"才能开始追逐小兔，一个"家"只能容一只"小兔"，即一只小兔占一个小呼啦圈。

歌词：

小小兔子跳呀跳呀跳到树林里，竖起耳朵仔细听，风儿呼呼吹，树叶沙沙响，哎呀，狼来了。

3．丢手绢

游戏目标：训练快速奔跑、灵活躲闪的能力。

游戏准备：手绢一条。

游戏玩法：选出1个丢手绢的幼儿，其余的人围成圆圈坐下来。游戏开始，大家一起唱《丢手绢》，被推选丢手绢的幼儿沿着圆圈外走或跑。在歌谣唱完之前，丢手绢的幼儿要不知不觉地将手绢丢在一人的身后。身后有手绢的幼儿要尽快发现自己身后的手绢，然后迅速起身追逐丢手绢的幼儿，丢手绢的幼儿沿着圆圈奔跑，跑到被丢手绢幼儿的位置时坐下，如被抓住，被抓者则要表演一个节目，可跳舞、讲故事。如果身后有手绢的幼儿在歌谣唱完后仍未发现身后的手绢，而让丢手绢的幼儿转了一圈后抓住，就要做下一轮丢手绢的幼儿，刚才丢手绢的幼儿坐在他的位置。

注意事项：其他幼儿不能提醒身后有手绢的幼儿。

歌词：

丢，丢，丢手绢，轻轻地放在小朋友的后面，大家不要告诉他，快点快点捉住他，快点快点捉住他。

4．三轮车

游戏目标：通过音乐游戏增强乐感和手脚的协调性。

游戏准备：音乐《三轮车》。

游戏玩法：三名幼儿面对面站立，手拉手围成一个圆圈，幼儿甲穿过乙和丙牵手，成为三轮车的车头，拉着乙、丙奔跑，边跑边唱歌。

注意事项：幼儿相互的动作力度要适当，不要过猛，奔跑要慢一点，避免脱臼、摔伤。

歌词：

三轮车，跑得快，后面坐着老奶奶，要五毛，给一块，你说奇怪不奇怪？

5．蝴蝶飞

游戏目标：感受乐曲的美妙，提升辨别长音的能力。

游戏准备：乐曲《化蝶》。

游戏玩法：适合4岁以上幼儿参与，人数不限，部分幼儿扮花蹲下，部分幼儿扮蝴蝶，随着音乐"飞舞"，每个乐曲播放到最后一个长音，每只"蝴蝶"去"采"一朵"花"（用手点"花"的头），"花"慢慢张开（慢慢站起，双手做花开动作）。音乐可多次反复，所有的花都被点开，则游戏结束。

6．小兔乖乖

游戏目标：愿意和同伴分角色表演歌曲内容。

游戏准备：《小兔乖乖》音乐。

游戏玩法：适合4～6岁幼儿，人数不限。一名幼儿扮演大灰狼，其余幼儿扮演小兔，教师扮演兔妈妈。游戏开始时，"兔妈妈"向"小兔子"交代，陌生人来了不能开门，然后和"小兔"告别。第一遍音乐（1—4小节）"大灰狼"用低沉的声音边演唱边做凶猛的动作。（5—8小节）"小兔"边演唱边表演拒绝开门。第二遍音乐（1—4节）"兔妈妈"边唱歌边"敲门"，（5—8小节）"小兔"边演唱边露出喜悦的表情迎接"妈妈"。

歌词：

（大灰狼）小兔子乖乖，把门儿开开，快点儿开开，我要进来。（小兔）不开不开我不开，妈妈没回来，谁来也不开。（兔妈妈）小兔子乖乖，把门儿开开，快点儿开开，我要进来。（小兔）就开就开我就开，妈妈回来了，我就把门开。

7. 氹氹转、菊花园

游戏目标：体验音乐游戏的乐趣。

游戏准备：《氹氹转、菊花园》的音乐。

游戏玩法：适合5岁以上幼儿，人数不限。幼儿围成内外两个圆圈，内圈两名幼儿，外圈人数不限。内圈幼儿手拉手顺时针或逆时针边转边唱领唱部分，外圈幼儿手拉手逆时针或顺时针边转边唱合唱部分，唱到最后"抵，抵抵抵"时两圈幼儿停下来，交换位置重新开始。

歌词：

（粤语）氹氹转，菊花园，炒米饼，糯米团，阿妈叫我睇龙船；我唔睇去睇鸡仔；鸡仔大，捉去卖；卖得几多钱？卖到几分钱。几分钱买条油炸鬼食，问你抵唔抵；抵，抵抵抵。

8. 皮影戏

游戏目标：感受中国民间古老的艺术形式。

游戏准备：含白色幕布的戏台、皮影、手电筒。

游戏玩法：在白色幕布后面，边进行皮影戏表演边讲故事，还可以配上音乐。

图 4-12 皮影戏

二、美术类民间传统游戏素材

1. 印章

游戏目标：能在刻印章的游戏中充分发挥创意。

游戏准备：胡萝卜、甜薯或土豆、印泥。

做法及游戏玩法：

先把胡萝卜切开，用铅笔在切面上画出几何图形，如小花、五角星等简单的图形。再用小刀削去图形外围部分，留下图形本身。在图形上涂色或蘸些印泥后，就可在纸上印出自己所刻的图形了。

图4-13　印章

2. 风车

游戏目标：体验玩风车的乐趣，发展动手能力。

· 准备正方形的纸。

· 对角折两次。

· 沿折痕剪开，不要剪断。

· 把四个角拉到中心，用大头针固定。

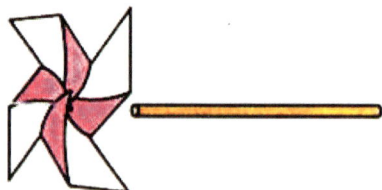

· 用大头针把风车插在铅笔擦头（或高粱秆）上。

图4-14　制作风车步骤图

游戏准备：带橡皮擦的铅笔，吸管或细木棒，正方形纸片，大头针。

做法及游戏玩法：将正方形的纸对角折两次，沿折痕剪开，不要剪断；接着把四个角拉到中心，用大头针固定；最后用大头针将风车插在铅笔擦头上，风车就做好了。

抓住风车杆下端向前跑，风车叶片就会转动起来，跑得越快，风车转得越快。

3. 绣花

游戏目标：提升动手能力、审美和创造美的能力。

游戏准备：布，笔，彩色绣花线。

做法及游戏玩法：选一块白色的布用花绷子绷好，在上面用铅笔或圆珠笔把图案画好，然后用彩色绣花线绣出图案，绣好后的布可以作手绢。

图 4-15　绣花

4. 小花灯

游戏目标：提升动手能力和审美、创造美的能力。

游戏准备：纸，彩色笔，线。

做法及游戏玩法：取一张纸对折，在两面画上小动物，涂色后剪成两片，贴在花灯筒的两边，灯筒穿上线挂起来。节日里，幼儿手提小花灯，游戏玩耍，享受节日的快乐。

5. 泥娃娃

游戏目标：提升动手能力、审美和创造美的能力。

游戏准备：黄泥、水粉颜料、毛笔、小刀。

做法及游戏方法：将黄泥用力搓成椭圆形，用小刀轻压一道沟分出头部和身体，再用小刀勾画出头发、眼睛、鼻子、嘴巴的形状。待泥晾干后，用水粉颜料涂上色彩。

6．风筝

游戏目标：提升动手能力、审美和创造美的能力。

游戏准备：棉线，尼龙丝线及线轴，薄的白纸或宣纸，糨糊或胶水，水粉颜料，竹篾，小刀。

做法及游戏玩法：

（1）先用小刀将竹或芦苇、高粱的茎皮劈成条状，然后根据自己的构思用棉线将这些篾子扎成风筝所需的龙骨架，接着将白纸贴在龙骨架上，沿龙骨架外侧边缘剪去多余部分，用水粉在纸上画出喜欢的图案。

（2）在风筝上选择两三个点，拴上一两根20厘米左右的短尼龙丝线，当用手提起一两根尼龙丝线时，要使风筝左右保持平衡，并在龙骨上找一个中心点，然后在此中心点上拴上长的尼龙丝线。

做好后，就可以带上风筝到平旷的地面上放飞了。

图 4-16　风筝

资料链接

幼儿园其他传统民间游戏列举表

游戏类型	适宜的年龄段	游戏名称
语言类民间传统游戏	小班	五门开、堆馒头、一只小老鼠、虫虫飞、点兵点将、大拇哥、摇到外婆桥、山上有个木头人
	中班	顶锅盖、拼板歌、上山下山、月亮粑粑、小板凳歪歪、拍大麦、两只小蜜蜂、讨小狗
	大班	拍手歌、背背背、十二生肖、一园青菜成了精、好吃长沙、颠倒歌、文字接龙
运动类民间传统游戏	小班	好玩的沙包、赶小猪、骑竹马、风车转起来、吹羽毛、打老鼠、炒黄豆、扔飞盘、抓老鼠、网鱼、小脚踩大脚
	中班	贴膏药、跨大步、老鹰捉小鸡、踩高跷、挑小棒、梅花桩、占角、跳房子、套圈、踢瓶盖串、运球能手、牵羊卖羊、抬轿子
	大班	滚铁环、踢毽子、跳长绳、跳皮筋、打陀螺、挤油渣、翻花绳、投壶、旱地龙舟、同手同脚、跳竹竿、打翻板、老狼老狼几点了
智力类民间传统游戏	小班	白毛女、猜拳乐、孵小鸡、点五官、拔根儿、十二生肖翻翻乐、猜中指、盘脚莲
	中班	盲人摸象、捉单捉双、火柴拼拼拼、有趣的手影、陀螺转转转、井字棋、百变迷宫、奇异花、捉蜻蜓
	大班	数青蛙、抓子儿、翻花绳、好玩的扑克牌、五子棋、小侦探、猜拳喝酒
艺术类民间传统游戏	小班	音乐：小老鼠上灯台、摇啊摇、公鸡头母鸡头、螃蟹歌 美术：做香包、剪剪乐、美丽的手帕、美丽的折扇
	中班	音乐：何家公鸡何家猜、小剪刀 美术：美丽的窗花、有趣的泥阿福、青花瓷盘、动物折纸、有趣的蛋壳
	大班	音乐：竹竿舞、采茶捕蝶、对歌、戏说脸谱、打溜子 美术：五彩脸谱、美丽的中国结、龙舟

注：表中的游戏素材将在本书的下篇以活动案例的方式具体呈现，可以运用于幼儿园一日生活的各个环节，如晨间活动、集体教学活动、区域活动、户外活动、亲子活动、餐前餐后活动等环节。

延伸阅读

1. 《玩出智慧：图说民间游戏》，李安娜等编，科学普及出版社，2011年版。

　　高楼林立的城市里，可以供孩子们玩耍的地方越来越少，童年的许多游戏渐渐消失了踪影，如丢沙包、跳房子、捉迷藏、木头人……孩子们变得更愿意守着电视看动画片或者抱着电脑玩游戏，那些有趣的传统民间游戏在人们的脑海中变得模糊不清。该书把我国历史悠久、花样繁多的民间游戏从一代又一代人的口口相传中整理出来，并用生动的文字和形象的漫画加以重现。

2. 《河南儿童民间游戏集锦》，河南省学前教育发展中心编，河南人民出版社，2017年版。

　　该书辑录了"滚铁环"、"筛麦糠"、"吹泡泡"等河南民间儿童游戏，简述了这些优秀民间游戏的玩法和意义。河南民间游戏有着独特的魅力，不仅可以传承优秀的民族文化，而且可以丰富幼儿园课程资源。

下篇

对幼儿园民间传统游戏的运用

第五章

幼儿园语言类民间传统游戏的案例

章前导读

　　3~6岁的幼儿处于语言发展的关键期，口语交流能力的培养是幼儿语言学习的重中之重，幼儿需要在不断倾听、交流、应用中提升其语言能力。为此，我们遴选了全国各地具有典型地方特色、富有童趣、朗朗上口的民间童谣，并围绕各年龄阶段幼儿语言学习与发展的核心经验，设计了不同类型的语言游戏、语言活动，将之贯穿在一日生活各环节中，引导幼儿在丰富的游戏活动中感知体验语言的多样性和美感，进一步学习语言，发展语言表达能力。

第一节　幼儿园晨间活动中的案例

在民间流传许多朗朗上口的手指童谣，其结构形式便于幼儿理解、记忆，相对于其他类型活动，对场地、器械没有较严格的要求，便于幼儿随时随地开展游戏。而幼儿园晨间活动内容安排相对自由开放，适宜安排此类型的语言游戏，让幼儿在自由、轻松的氛围中边吟诵边游戏，感受游戏的快乐和民间童谣的音韵美。

小班语言游戏：五门开

活动背景 ·············

"五门开"是一首苏州民间非常流行的童谣。其重复而短小的结构形式，给幼儿提供了清楚明了的记忆和想象线索，便于幼儿理解和感受，并能充分调动幼儿的想象力。小班幼儿刚入园，缺乏安全感，且交往、合作能力较弱。"五门开"的互动游戏，不仅可以发展幼儿的语言表达能力，还能促进幼儿和教师、同伴之间的交往、合作，让幼儿感受和教师、同伴交往的快乐，增进师幼、幼幼之间的亲近感。

图 5-1　五门开

活动目标 ··

（1）喜欢和同伴、成人合作游戏，增强和同伴、教师之间的情感交流。

（2）能较完整、流利地朗读童谣，并根据童谣内容做出相应动作。

（3）学习游戏玩法、规则，根据语言指令做出灵活反应。

活动准备 ··

在活动室选择一片空地，师生围坐在一起。

活动过程 ··

（1）游戏："手指变变变"。

教师引导幼儿根据教师语言指令"请你把大拇指请出来点点头……"幼儿迅速将两手五指用力分开，指尖对应组成"大门"。

（2）教师边念童谣边做动作，幼儿观察学习。

（3）教师交代游戏玩法、规则，师生一起边念童谣边做动作。

基本玩法：幼儿将两手五指用力分开，指尖对应组成"大门"。然后一边念儿歌，一边从左右拇指开始依次分开手指。

规则：等游戏儿歌念完后，双手做摊开状置于胸前。

创新玩法1：当念到"五门开开我进来"时，教师可拍三下手，伸开双臂，幼儿迅速跑到教师身边抱一抱、亲一亲。当幼儿完全了解游戏玩法后，教师可尝试引导幼儿自主进行游戏。

创新玩法2：适合提高游戏难度，当念到"五门开开我进来"时，教师可拍几下手表示几个幼儿可以跑过来和教师击掌，其他幼儿和旁边同伴击掌相应次数。

（4）教师对游戏进行小结，结束活动。

活动延伸 ··

此活动可在餐前、户外活动中进行，组织幼儿自由结伴玩游戏，引导幼儿主动邀请同伴游戏，亦可指导家长和幼儿在家一起进行亲子游戏。

活动反思

（1）"五门开"游戏童谣简单又充满童趣，没有任何学教具的要求，非常适宜在晨间活动中展开。游戏中教师通过推进游戏难度，对幼儿提出了挑战，锻炼其反应能力，在游戏中融入了语言教学的内容，引导幼儿大胆、流利地诵读，使游戏发挥了更大的教育价值。

（2）游戏能促进幼儿动作的灵活性，提高幼儿的反应能力。在游戏中，教师将游戏难点前置，引导幼儿复习巩固五指名称并找到对应的手指组成"大门"。教师示范讲解，在幼儿完全掌握其基本玩法、规则后，增大游戏的难度。多次游戏后，幼儿参与游戏更加专注，反应更快，也能较好地遵守游戏规则。

（3）通过游戏，增进了幼儿的自主性和同伴、师幼间的感情。游戏中，教师从游戏的发起者逐渐成为游戏的观察者和参与者，引导幼儿主动邀请同伴游戏。幼儿在反复游戏中，学习游戏玩法，挑战困难，增强了自信心。同时，在游戏的过程中，师幼之间、幼幼之间通过语言、动作交流，幼儿体验与同伴、成人一起游戏的快乐。

童谣：

大门开开进不来，

二门开开进不来，

三门开开进不来，

四门开开进不来，

五门开开我进来。

（我进来了……）

小班语言游戏：堆馒头

活动背景 ·· 扫码观看游戏视频

"堆馒头"是一首流传于北方民间的童谣，其音韵节奏明快，朗朗上口，便于幼儿理解和感受。它又是一项适合多人参与的群体性游戏。游戏参与者边念儿歌边以手握他人大拇指的形式依次往上堆高，充满童趣。小班幼儿入园后，交往范围有所拓展，与人交往的愿望加强，该游戏为其提供了参与集体活动、与人交流的机会，在堆馒头的游戏中，幼儿展开了和教师、同伴之间的交往、合作，感受集体活动的快乐。

图 5-2 堆馒头基本玩法

图 5-3 堆馒头创新玩法1

图5-4 堆馒头创新玩法2

活动目标

（1）主动参与群体游戏，感受和同伴合作游戏的快乐。

（2）能较完整、流利地朗读，并根据童谣内容做出相应动作。

（3）学习游戏玩法、规则，根据语言指令做出灵活反应。

活动准备

幼儿熟悉童谣。

活动过程

（1）"手指抱抱"游戏。

教师引导幼儿进行模仿练习：左右手分别竖起大拇指，其余四指握拳。"伸出小手来紧紧抱抱大拇指"，提醒幼儿左右手交替抓握大拇指。

（2）教师边念童谣边做动作，幼儿观察学习。

（3）教师交代游戏玩法、规则，师生一起边念童谣边做动作。

基本玩法：幼儿集体念儿歌，伸出左手竖起大拇指，其余四指握拳，其后伸出右手竖起大拇指，其余四指握住左手大拇指，左右手依次往上堆，直至童谣结束。

游戏规则：游戏时幼儿需根据童谣语音节奏做动作，不宜过快或过慢。在依次往上堆时，如人少，堆到一定高度时，最下方的手抽出再堆上去，依次进行。

创新玩法1：幼儿三人一组，围圈站立。以猜拳决定出手顺序。游戏开始后，边念儿歌，边依次伸出右手掌搭在前一人的手背上。当念到"哈哈笑"时，手在最下面的人抽出手打上面两人的手背，被打到手背的幼儿暂停游戏一次。

创新玩法2：熟悉游戏后，引导幼儿创编童谣，将"蒸馒头"变"堆香蕉（任意一种水果名称）"。幼儿5~6人一组，边念童谣边依次伸出一只手层层叠加，当念到"哈哈笑"时候，每个人摆一个造型保持不动，看谁坚持得最久，谁先动算谁输，输者退出游戏一次。

活动延伸 ···

此活动可在餐前、户外活动中进行，引导幼儿主动邀请同伴玩游戏。亦可指导家长和幼儿在家进行亲子游戏。

活动反思 ···

（1）考虑到小班幼儿爱玩、好游戏、注意力不容易集中等特点，以及游戏难度，在活动中，从"手指抱抱"游戏入手，引导幼儿重点练习左右手依次交替抓握大拇指。一方面将难点前置，为其了解游戏玩法及规则作铺垫，将游戏难点分解。另一方面鼓励、引导幼儿更加专注参与游戏。

（2）活动中根据幼儿参与游戏情况及时把握介入时机和策略。幼儿参与游戏的兴致很高，基本上能遵守游戏规则。但在最初进行游戏时，幼儿不能配合童谣语音节奏做动作。为此，教师带领幼儿放慢念读的节奏，并在每句后有意识地停顿一会，用眼神给予提示，使幼儿逐步建立节奏意识。

（3）在游戏中对幼儿进行意志品质的培养。在创新玩法1游戏中，出现了部分幼儿提前抽手、输了不愿暂时离开游戏等不遵守游戏规则的问题。针对这些现象，抓住契机进行教育，引导幼儿合理看待游戏的输赢，鼓励幼儿自觉遵守游戏规则。

童谣《堆馒头》：

堆馒头，堆馒头。
馒头堆得高，
馒头堆得好，
香喷喷，甜蜜蜜，
吃得大家哈哈笑。

中班语言游戏：顶锅盖

活动背景

"顶锅盖"是一项民间广为流传的听说游戏。这首游戏儿歌前三句韵脚明显，朗朗上口，其中"盖、菜、怪"几个字音较容易混淆。而后几句则是互动、问答的结构形式，内容贴近幼儿生活，充满了动感和趣味。在游戏时诵读童谣不仅能够帮助幼儿理解并正确发出童谣中的易混淆的字音，同时，还可通过游戏丰富幼儿有关常见菜肴的知识经验。

中班幼儿规则意识开始萌芽，喜欢和同伴一起玩，并在与同伴交往过程中获得了与人相处的经验。"顶锅盖"游戏，可以提高幼儿的控制力和反应能力，培养规则意识，锻炼表达能力，引导幼儿关注日常生活中的饮食。

图 5-5　顶锅盖

活动目标

（1）知道生活中常见的菜肴，懂得要均衡饮食。

（2）能手口协调地边朗读童谣边做游戏，根据儿歌中的语言指令灵活做出反应。

（3）学习儿歌内容，了解游戏的玩法和规则。

活动准备 ··

　　熟悉儿歌内容。

活动过程 ··

　　（1）谈话导入：我喜欢的菜肴。

　　教师引导幼儿和同伴分享吃过的菜肴，简单描述自己喜欢菜肴的名称、味道。

　　（2）教师伸手，手心朝下做锅盖状，幼儿伸食指做顶子状，师生共同念儿歌。

　　（3）教师示范游戏玩法，幼儿观察学习。教师引导幼儿回顾游戏过程，教师梳理、讲解游戏玩法及规则。

　　基本玩法：两人一组，一人伸出右手手掌向下做"锅盖"，另一个人伸出右手食指顶在锅盖下面当"顶子"。两人一起念儿歌，当念到最后一个"气"字时，"锅盖"去抓"顶子"，抓住者问"今天烧的什么菜"，被抓住者要说"今天烧的××菜"。双方互换角色。没抓住的则不交换角色重新开始游戏。

　　游戏规则：必须在说完"三口气"后，"锅盖"才可去抓顶子，"顶子"方可抽离躲避"锅盖"。提早抓或提早抽离都算犯规。

　　创新玩法1：请一名幼儿蒙上双眼，两手掌张开，手心向下，其余幼儿（7～8名）的手指触在蒙眼人两手掌中。游戏开始，大家一起念到儿歌最后一字时，蒙眼人立即收拢手掌，幼儿则同时将手指抽出，如果有人的手指被捏住，就叫蒙眼人猜他是谁，可通过幼儿的声音或摸他的身体判断。如三次猜不出，就要向大家行礼或表演节目。蒙眼人和被捏住手指的人交换角色，游戏继续进行。

　　创新玩法2：人数不限，幼儿围坐或站成圆圈。每人伸出左手，手掌向下给左边的人当"锅盖"，再伸出右手食指给右边的人当"顶子"。集体念儿歌，当念到"三口气"时，"锅盖"去抓"顶子"。每人的左手既要抓左边的"顶子"，同时右手的"顶子"又要抽离躲避右边的"锅盖"，不被其抓住。抓住者退出游戏，游戏继续进行，最后剩下的两人获胜。

　　（4）教师总结游戏，活动结束。

儿歌

顶锅盖，油炒菜，辣椒辣了不要怪。呼（做吹气状），一口气，呼（做吹气状），二口气，呼（做吹气状），三口气。今天烧的什么菜？今天烧的××菜。

活动延伸

此活动亦可幼儿独自进行，还可在餐前、生活活动时开展。结合游戏儿歌组织"猜食谱"游戏，进一步开展饮食教育。

活动反思

（1）该游戏儿歌内容贴近幼儿生活且有画面感，读起来很有韵律感，深受幼儿喜欢。在游戏前，教师采用主题谈话的形式引导幼儿说出自己喜欢的菜肴，"我喜欢吃西红柿炒蛋，酸酸的味道很好……"孩子们津津有味地谈论起来。这样一来，为其后的问答做了铺垫。为此，教师还抓住这一教育契机，引导幼儿了解均衡饮食。

（2）在游戏过程中，教师和幼儿分角色做"锅盖"和"顶子"巩固复习儿歌，进一步明晰了游戏规则。其后，在两两结伴游戏的过程中，个别幼儿出现了手口不协调的现象，提早"抓、躲"。为此，教师以游戏参与者身份放慢朗读儿歌的速度，并特意强调"抓、躲"动作对应的儿歌内容，培养幼儿的反应力、控制力。

（3）随着游戏进行次数增多，幼儿对游戏中的挑战有了期待。教师将两人游戏升级为多人游戏，游戏中幼儿一只手需抓"顶子"，另一只手需躲"锅盖"，培养幼儿左右脑协调反应能力。在其后的蒙眼猜人的游戏，蒙眼人需根据同伴的声音或体貌特征猜人，锻炼了观察力和判断力。

中班语言游戏：拼板歌

活动背景

"拼板歌"是一首民间广为流传的拍手游戏，互动性很强。游戏童谣节奏轻快，句式结构短小精悍，便于吟诵。其内容富有情节，并自然融合了抽象的数学知识，让幼儿在自由自在、无拘无束的游戏中体验与同伴互动的乐趣。

中班幼儿规则意识开始萌芽，对事物的理解能力（如空间概念等方面）逐渐增强，其自控能力较小班也有所增强。通过互动游戏引导幼儿初步尝试与同伴协商，锻炼幼儿的控制力和反应力，培养规则意识。与此同时，在游戏中进一步巩固空间方位概念，并初步感知方位的相对性。

图 5-6 拼板歌

活动目标

（1）体验结伴游戏的乐趣。

（2）能手口协调、有节奏地边朗读童谣边做出灵活反应。

（3）学习儿歌内容，了解游戏的玩法和规则。

活动准备 ···

熟悉儿歌内容。

活动过程 ···

（1）游戏：我说你做。

教师引导幼儿根据教师语言指令"上、下、左、右、前、后"拍手，看谁速度快。数次游戏后，请个别幼儿发指令，其他幼儿拍手。

（2）幼儿两两结伴，师生拍手共同念儿歌。

（3）教师示范玩游戏，幼儿观察、回顾游戏玩法。

基本玩法：两人一组盘腿对坐，念"拼板，拼板"时自拍两下，念到"拼拼板板"时与对方双手对拍两下。其后随儿歌内容以自我为中心做上下左右前后拍手的动作。当念到"辘轳辘轳"时，双手在胸前握拳绕动，依次做十个手指动作。

游戏规则：手口协调、有节奏地边朗读童谣边做出灵活反应。

创新玩法1：引导幼儿改编游戏儿歌，将"上上，下下，左左，右右"改编为"上拍拍，上拍拍，翘翘嘴巴点点头……"。游戏开始，两人对面站立，一人当发出指令者，另一人做听口令实施者。念"拼板，拼板"时自拍两下，念到"拼拼板板"时与对方双手对拍两下。后面随改编儿歌内容以自我为中心做与语言指令匹配的动作。

创新玩法2：多人站成两个同心圆。内外圆两两合作边念儿歌边做动作，念"拼板"时先自己拍手一下，再与对方双手拍一下，念到"拼拼板板"时自己拍手两下，再与对方双手对拍两下。后面随儿歌内容以同伴为中心做上下左右拍手动作。当念到"辘轳辘轳"时，外圈人一边做双手在胸前握拳绕动的动作，一边往右边走找下一个人做朋友，并与下一位朋友开始游戏。

（4）教师总结游戏，活动结束。

儿歌《拼板歌》：

拼板，拼板，拼拼板板，

上上，下下，左左，

右右，前前，后后，

轱辘轱辘一，

轱辘轱辘二，

轱辘轱辘三

……

轱辘轱辘十。

活动反思

（1）游戏童谣节奏感、互动性极强。借助游戏的情节，把抽象的数学知识与生动活泼的游戏紧密结合，更能充分调动幼儿参与游戏的兴趣。

（2）优化设计，遵循循序渐进原则，不断提升幼儿的听辨能力、反应能力，增加挑战难度。在游戏中，教师将游戏难点前置，运用"我说你做"的游戏，引导幼儿根据语言信号迅速反应。在完全掌握其基本玩法、规则的基础上，从听辨单词到听辨短句，从以自我为中心到以同伴为中心，从固定的游戏对象到不固定的游戏对象，不断增大游戏难度。在活动中，当幼儿还不能迅速理解、做出反应时，应及时调整策略，通过游戏玩法回顾、同伴示范、反复多次游戏引导幼儿参与游戏。

（3）教师合理把握"退"和"进"，调动幼儿自主学习的积极性。教师从游戏的发起者逐渐退为游戏的观察者和参与者，引导幼儿主动邀请同伴游戏。在第一环节中，当幼儿基本了解游戏玩法后，请幼儿发出指令引导其他同伴和教师一起游戏。在其后环节中，教师不是刻板地教幼儿玩游戏，而是通过榜样示范引导幼儿主动学习、练习。

大班语言游戏：拍手歌

活动背景 ···

　　"拍手歌"是一种民间广为流传的互动游戏。各个地区拍手歌内容不尽相同，但歌词多具有娱乐或教育意义，通俗易懂，便于传唱。该游戏至少需要两人或两人以上参与，该游戏为幼儿提供了和同伴合作游戏的机会。儿歌中有许多数词、量词、动词短语，为大班幼儿感知、学习、运用语汇提供了很好的素材。

　　大班幼儿合作和规则意识逐渐增强，动作灵活性、控制能力明显提高。在游戏过程中幼儿可根据需要和同伴协商交流，不断变换节奏、速度，和同伴进行拍手对抗赛，从中体验语言游戏的乐趣。

图 5-7　拍手歌基本玩法

图 5-8　拍手歌创新玩法

活动目标 ···

　　（1）体验拍手歌的趣味性、节奏感。

　　（2）能和同伴协商调整朗读节奏、速度，手口协调完成游戏。

　　（3）了解游戏玩法和规则，尝试仿编儿歌。

活动准备

熟悉儿歌内容、图谱。

活动过程

（1）"猜猜猜"游戏。教师依次出示与儿歌内容相关的图谱，请幼儿用"×个小孩×××"的格式造句说话，比比看谁说得又快又完整。

（2）教师和幼儿拍手采用接龙方式诵读儿歌。

（3）教师介绍游戏玩法和规则，幼儿观看学习。

基本玩法：游戏开始时，两个幼儿相对而坐，幼儿自己双手手心相对做好游戏准备。幼儿一边念儿歌，一边伸出双手或单手和对方的手对拍，随着儿歌不断重复这组动作。儿歌结束时，这一轮游戏结束。熟练掌握后，也可组队进行对抗赛，以出错率低的一队为胜。

游戏规则：边念儿歌边做相应动作，手口协调一致。

创新玩法1：和同伴面对面坐，边念儿歌边随儿歌的节奏做对拍动作，当念到每句后半句，如"一个小孩架飞机"时，两名幼儿同时模仿相应动作。

创新玩法2：幼儿两两一组，多组围成圆圈站好，边念儿歌边拍手，念到"一个小孩架飞机"时幼儿单独模仿架飞机的动作。念到"两个小孩梳小辫"，两个幼儿一起做模仿梳小辫的动作。依次根据儿歌内容，相应数量的幼儿在一起做与儿歌内容描述相应的动作。

（4）教师总结游戏，活动结束。

活动延伸

教师可组织幼儿根据自己的生活经验改编儿歌，并以图夹文的形式记录下来放置在语言区，其他幼儿看图谱结伴游戏。班级可开展"拍手擂台赛"，鼓励幼儿自主向同伴发起拍手挑战游戏。

活动反思

（1）活动前，考虑到原游戏儿歌中有些内容不符合幼儿审美、理解水平，对部分内容稍作修改。大班幼儿生活经验逐渐丰富，爱表达，可鼓励他们改编，如"九个小孩喝啤酒"，被孩子们改编为他们熟悉易懂的"九个小孩喝米酒"，让儿歌内容更贴近幼儿生活。

（2）游戏中，个别孩子出现了和对方节拍不一致或同步现象。教师提供了花手环，让幼儿选择左手或右手带花手环以示区别，并引导幼儿放慢速度手口协调地游戏，从而降低了游戏的难度。熟练后，可鼓励幼儿根据自己的水平、需求和同伴协商改变游戏节奏，充分发挥幼儿的自主性。

儿歌

你拍一，我拍一，一个小孩架飞机；

你拍二，我拍二，两个小孩梳小辫；

你拍三，我拍三，三个小孩爬高山（吃饼干）；

你拍四，我拍四，四个小孩写大字；

你拍五，我拍五，五个小孩跳个舞；

你拍六，我拍六，六个小孩吃石榴；

你拍七，我拍七，七个小孩刷油漆；

你拍八，我拍八，八个小孩吹喇叭；

你拍九，我拍九，九个小孩喝啤酒（喝米酒）；

你拍十，我拍十，看谁找到鹅卵石。

第二节　幼儿园教学活动中的案例

全国各地流传的儿歌、童谣、民间故事等文学作品，承载着我们各民族的历史和文化，反映了儿童的生活情趣，在内容上也蕴含了儿童语言学习的契机，适合儿童听赏、吟诵、阅读。本小节中遴选了一些游戏案例，在充分分析作品及挖掘其教育价值的基础上，围绕幼儿语言发展核心经验，有效定位目标，设计活动，让幼儿在接触文学作品的过程中不断增强审美体验，逐渐提高对文学语言的鉴赏能力及运用文学语言创造美的能力。

小班语言活动：一只小老鼠

活动背景

"小老鼠上灯台"是一首民间口口相传的儿歌，流传有许多不同版本，"一只小老鼠"是其中的一个版本。儿歌中调皮可爱的小老鼠形象深入人心，加之儿歌简短，内容简单，多采用比兴手法，词句音韵流畅易于上口，适合小班幼儿吟诵。

图 5-9　一只小老鼠

　　小班幼儿具有强烈的好奇心，喜欢模仿，喜欢韵律感强的儿歌。幼儿模仿学说儿歌中生动有趣的语句，借助已有生活经验理解作品中的词汇，积累语汇。在快乐的游戏中，体验集体游戏的乐趣。

活动目标

（1）大胆参与集体游戏，愿意和同伴一起游戏。

（2）在理解儿歌基础上学说儿歌，并能用肢体语言或表情表现儿歌内容。

（3）学习朗读儿歌，理解"瞪"和"眦"的含义。

活动准备

　　小老鼠剪影一只、小老鼠小图卡、背景音乐。

活动过程

（1）幼儿和教师一起随配乐舞蹈。

（2）教师出示小老鼠剪影，朗读儿歌前半部分至"长着八字胡"，引导幼儿观看，重点理解"瞪"和"眦"。

①指导语："今天来了一位小客人，它是谁？它是什么样子的？"引导幼儿用动作、表情模仿。

②教师重点引导幼儿理解"瞪"和"眦"，并学说儿歌前半部分。

（3）发放小图卡，结合音乐引导幼儿学习儿歌后半部分。

①创设游戏情境，引导幼儿扮演小老鼠游戏，教师边念儿歌边带幼儿进行游戏表演。

指导语："哇！神奇的小老鼠们，我们一起出去走一走吧……""听，谁来了……"

②师生游戏1~2次，在游戏过程中学习儿歌后半部分。

（4）教师完整朗读儿歌，幼儿观看。

（5）教师引导幼儿表演儿歌。通过反复表演游戏帮助幼儿记忆儿歌，体验游戏的快乐。

（6）教师总结，活动结束。

活动延伸

该活动可以结合手指游戏的形式展开，在日常活动的过渡环节、区域活动中进行。

活动评析

（1）好的素材需要好的加工处理方法。这首民间儿歌内容简单，朗朗上口。在设计活动前，我反复朗读、分析，从中感受儿歌的韵律节奏，儿歌中描述了两个形象鲜明、样态可掬的角色。结合小班幼儿语言学习能力和经验，我将活动重点定为在理解儿歌基础上学说儿歌，并能用肢体语言或表情理解、表现"瞪"和"呲"上。

（2）活动中，教师采取了分段欣赏的方式，创设游戏情境引导幼儿学习。前半部分重点引导幼儿学习了解神气小老鼠的形象，后半部分引导幼儿认识小花猫凶猛的形象。孩子们在游戏角色模仿、扮演中不知不觉地学习了儿歌。在教学过程中，教师引导幼儿观察教具，引导幼儿模仿。期间，教师以角色语言朗读和示范模仿，激发幼儿学习的兴趣，还鼓励幼儿用肢体语言、有声语言表达对小老鼠形象的理解。教师针对小班年龄特点，关注个别差异，做到了分层指导。对一些语言能力发展较弱的幼儿，教师则鼓励其用肢体动作大胆表现，对于语言能力发展较好的幼儿，教师尽可能引导其用丰富的语言大胆表达。活动中，教师以游戏者的身份参与活动，引导幼儿在情境中体验学习，让幼儿感受学习的快乐。这些支持策略有效地促进了幼儿的学习。

儿歌《一只小老鼠》:

一只小老鼠，

瞪着小眼珠，

呲着两颗小牙，

长着八字胡。

一只小花猫，

喵喵 喵喵 喵喵……

吓得老鼠赶快往回跑。

小班语言活动：虫虫飞

活动背景

童谣"虫虫飞"源出于江南地区，后流传于南北各地，并呈现出不同的版本，如成都的"虫虫飞"为："斗虫虫，咬手手，飞在家婆菜园头。吃了家婆菜，气得家婆老精怪。"徐州的"虫虫飞"为："斗斗斗斗飞飞，一飞一大堆堆。一飞飞到花园里，吸露水，吃露水。"广州的"虫虫飞"为："点虫虫，虫虫飞，飞去荔枝基。荔枝熟，无定仆，仆去阿个鼻窿。"本课所用"虫虫飞"儿歌是在原有基础上改编的一个版本。反复出现的"虫虫虫虫飞飞飞"，充满童趣，易于朗读和记忆，便于幼儿理解。

小班幼儿好模仿，认识依赖于行动。儿歌内容贴近幼儿认知特点，幼儿学说儿歌中生动有趣的语句，积累了语汇，体验集体游戏的乐趣。

图 5-10　虫虫飞

活动目标

（1）注意倾听，大胆表演，体验游戏带来的乐趣。

（2）较完整、有节奏地朗诵儿歌，并能发准"t、d、h"等字音。

（3）学习、理解儿歌内容，尝试练习"虫虫虫虫飞飞飞，飞到××"这样的句式。

活动准备

布置草地、花园、天空、树杈四种场景，与儿歌内容匹配的图谱。

活动过程

（1）创设草地、花园、天空、树杈场景，教师和幼儿共同模仿虫虫飞，激发幼儿的活动兴趣。

①师：虫虫们，你们看前面有什么？我们一起飞出去玩玩吧。

②教师引导幼儿观察草地、花园、天空、树杈的场景，用"虫虫虫虫飞飞飞，飞到××"的指令引导幼儿熟悉儿歌中的句子，并提示幼儿做相应的动作"喝露水、踢踢腿、排成队、睡一睡"。

（2）幼儿看图谱，教师朗读儿歌。

①教师朗读儿歌，并提问。

师：刚才虫虫们玩游戏，去了哪些地方？做了什么呢？

②教师逐一呈现图谱，引导幼儿重点理解并学习儿歌内容。

（3）教师和幼儿一起朗读、表演儿歌。

（4）引导幼儿尝试仿编句式"虫虫虫虫飞飞飞，飞到××"，集体表演儿歌。

活动延伸

把读儿歌改编成运动类游戏。在阅读区投放"虫"、"飞"等字卡。在家进行亲子儿歌表演。

儿歌《虫虫飞》：

虫虫虫虫飞飞飞，飞到草地喝露水；

虫虫虫虫飞飞飞，飞到花园踢踢腿；

虫虫虫虫飞飞飞，飞到天空排成队；

虫虫虫虫飞飞飞，飞到树杈睡一睡。

活动评析

（1）与时俱进，合理处理素材。一个活动的素材往往具有多方面的教育价值，应合理挖掘活动材料中有价值的东西。教师根据小班幼儿特点，结合幼儿生活实际，将原有素材加以改编，使每句儿歌都呈现出一幅生活场景，保留了原有童谣中的韵律节奏，重复结构也符合小班幼儿认知和理解水平。从活动目标来看，重难点突出，充分体现语言教育的目标。

（2）运用游戏化教学，有效落实目标。教师充分考虑小班幼儿年龄和认知特点，创设游戏场景，引导幼儿以角色身份参与其中，自然地在情境中感受、学习儿歌内容。

中班语言活动：上山下山

活动背景

《上山下山》是北方地区口耳相传的一首童谣。内容有趣且贴近生活，绕口令围绕"上山、下山"表现了人们活动的一些场景，如"山上的猴下山，山下的猴上山。上山的猴下山，下山的猴上山"。这些看似简单的句子，却有很深刻的逻辑线索蕴含其中。

中班幼儿语言能力发展迅速。该绕口令对于中班幼儿来说，有一定的挑战，能帮助幼儿加强对声调的辨读能力，改善发音不准的现象。

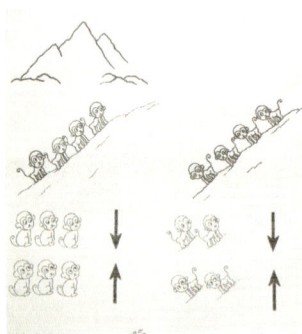

图 5-11　上山下山

活动目标

（1）感受绕口令的节奏和韵律，体验念绕口令的乐趣。

（2）尝试选择不同速度的背景音乐，能根据音乐节奏完整诵读绕口令。

（3）初步了解绕口令的特点，借助图谱学习念诵绕口令。

活动准备

图片和符号、绕口令图谱、相关PPT。

活动过程

（1）倾听教师快速朗读，初步感知绕口令的内容和特点。

（2）理解绕口令内容。

师：你们刚才在绕口令里听到了什么？怎样才能很快念出来？

① 教师放慢速度念绕口令，师生共同商量图谱记录方法。

② 教师出示图谱，引导幼儿借助图谱理解绕口令。

（注：图谱的呈现要配合教师朗诵的速度，且图谱的摆放要对应绕口令的句式结构。）

③ 借助图谱，尝试完整念出绕口令，并针对难点重点进行练习。

师：你觉得哪里比较难呢？你觉得用什么方法可以念得很快很好？教师总结朗读方法，并引导幼儿针对难点进行练习。

（3）尝试用多种游戏方法练习，进一步熟悉绕口令。

① 幼儿自由选择图谱，独自或结伴练习朗读。

② 与老师和着节拍"接龙"朗读。

③ 提供几种不同速度的背景音乐，引导幼儿分小组自选音乐类型进行练习。

（4）教师总结，活动结束。

绕口令《上山下山》:

> 有一座大山,
>
> 很多猴上山,
>
> 很多猴下山,
>
> 山上的猴下山,山下的猴上山。
>
> 上山的猴下山,下山的猴上山。
>
> 上上下下,下下上上。
>
> 简直忙晕了头。

活动延伸

活动后,可将图谱放置在语言区域,引导幼儿在区域中看图谱进行练习,亦可引导幼儿根据儿歌内容绘制图谱。在生活活动中,开展此类竞赛活动。

活动评析

(1)该素材贴近中班幼儿语言发展水平,富有童趣且有挑战性,深受孩子喜欢。

(2)活动目标紧紧围绕对语言的学习,指向具体,重点突出,可行性强。活动中教学策略有效,层层递进,充分调动幼儿学习、参与的积极性。

①"多遍倾听有重点。"创设问题情境,引导幼儿有效地倾听学习。在活动过程中,教师通过有效地设计提问,引导幼儿了解听辨任务、操作要求和思考重点。首先,幼儿倾听教师快速朗读,一方面能引导幼儿初步感知绕口令的音韵、节奏特点,另一方面可激发幼儿学习绕口令的兴趣。其后,教师放慢速度念绕口令,帮助幼儿更好地认识内容。

②"多形式学习有指导。"活动中借助图谱帮助幼儿学习绕口令是一种非常有效又深受幼儿喜欢的方式。图谱的呈现,让绕口令内容变得直观、生动了,特别便于幼儿理解和记忆。

中班语言活动：月亮粑粑

活动背景

"月亮粑粑"是一首地道的长沙方言童谣，富有浓郁的地方特色。它用顶针的修辞方法组织整首童谣，将上一句末尾的词"爹爹、奶奶、蛤蟆"等作为下一句的起头，首尾相连，环环相扣，形成丰富的韵律变化和内容上的趣味性、娱乐性。童谣中的事物贴近幼儿的生活，整首童谣音律和谐，朗朗上口，特别押韵，趣味性很强，幼儿容易记忆。

中班幼儿倾听、理解能力逐渐增强，喜欢通过手、口、动作、表情进行表达。通过童谣学习，幼儿感受当地方言文化，体会童谣的幽默风趣。

图 5-12 月亮粑粑

活动目标

（1）对家乡童谣产生兴趣，体验诵读童谣的乐趣。

（2）能根据图谱说出童谣内容，并大胆地运用自己喜欢的方式加以表现。

（3）初步了解湖南地方方言。

活动准备

经验准备：帮助幼儿初步了解绣花，认识糍粑、蛤蟆、喜鹊、斑鸠、豆腐、菱角。

材料准备：（1）童谣的录音、视频、PPT；（2）三块操作板、相关图片。

活动过程

（1）观看视频，欣赏童谣。

师：今天老师带来了一位长沙老奶奶的视频，请仔细听听和我们平时念的儿歌有什么不一样？把你听到的告诉我。

（2）引导幼儿利用图谱感知、理解童谣内容，并尝试练习。

① 教师总结，介绍童谣特点：这是一首运用我们家乡方言长沙话朗诵的儿歌，儿歌又称为"童谣"。

师："你听到了什么？它是什么意思？童谣里是怎么说的？"请幼儿自由说，教师出示相应图谱引导幼儿理解童谣中的方言词汇。

② 教师播放PPT，引导幼儿完整学习童谣。

③ 教师出示完整图谱，引导幼儿分小组朗读，并就幼儿难以理解、朗读的短句引导幼儿反复练习。

（3）幼儿听童谣录音，分小组操作图谱，巩固练习。

① 幼儿自由组合成三组，边听童谣录音边将桌上的小图片按童谣的顺序放入相应的空格中。

② 再次播放录音，请幼儿检查听辨操作结果，随录音朗读童谣。

（4）启发幼儿尝试用自己喜欢的方式诵读童谣。

师：你感觉童谣中哪句话很有趣？我们应该怎样去读呢？引导幼儿互相讨论，并选择其中一种方法练习。

（5）引导幼儿了解其他湖南方言版的《月亮粑粑》，感受地方童谣的魅力。请来自张家界、常德、宁乡方言区的幼儿表演方言版《月亮粑粑》，幼儿欣赏。

童谣《月亮粑粑》:

> 月亮粑粑,肚里坐个爹爹;
>
> 爹爹出来买菜,肚里坐个奶奶;
>
> 奶奶出来绣花,绣扎糍粑;
>
> 糍粑跌得井里,变扎蛤蟆;
>
> 蛤蟆伸脚,变扎喜鹊;
>
> 喜鹊上树,变扎斑鸠;
>
> 斑鸠咕咕咕,和尚恰豆腐;
>
> 豆腐一把渣,和尚恰粑粑;
>
> 粑粑一呸(bu)壳,和尚恰菱角;
>
> 菱角溜溜尖,和尚上哒天。

活动延伸 ··

教师可以引导幼儿收集家长家乡的童谣,开展"爸爸妈妈儿时童谣吟诵"活动,增强幼儿对本土文化的感知、了解。

活动评析 ··

(1)《月亮粑粑》是一首长沙人耳熟能详的童谣,采用最常用的"顶针格"形式,童谣中描写了买菜的爹爹、绣花的奶奶、上哒天的和尚这些形象鲜明的人物;长沙地道的美食:糍粑、菱角、豆腐、粑粑,还有蛤蟆、喜鹊、斑鸠通过呱呱、喳喳、咕咕一类拟声词得到形象的表现。内容生动,诙谐有趣,符合大班幼儿认知水平。这个活动借助Flash动画视频、PPT图谱、童谣录音等多种形式引导幼儿学习、诵读童谣,并初步了解湖南有代表性的地方方言。本次活动的重点在于学习家乡童谣,初步了解湖南有代表性的地方方言。难点是理解童谣中部分方言词汇,根据图谱说出童谣内容,并大胆地运用自己喜欢的方式表达。

(2)数字化教学资源在突破教学重难点中得到巧妙运用。

① 巧用资源，将"静态"图谱变"交互"图谱。活动中，教师结合童谣20个小分句内容制作了PPT图谱，还在每张小的图片中链接了相关童谣语句内容的录音，并设置有回放操作功能。在活动中，通过"翻翻乐"游戏，引导幼儿通过翻图重点理解童谣中"爹爹、恰、扎、跌"等方言词汇，增强了学习的趣味性和操作性。

② 优化资源，创设多形式艺术试听环境。活动中，教师在两个环节为幼儿提供完整欣赏的机会。第一次是在"翻翻乐"游戏后，教师为幼儿提供了Flash动画视频，相比图谱呈现得更完整、更生动，能进一步调动幼儿学习欲望。第二次是在"幼儿听童谣录音完成填图游戏巩固练习"环节，这段带说唱形式的诵读方法带给幼儿耳目一新的感受。让幼儿边听童谣录音边将桌上的小图片填放在图谱表中的格子里，每组摆好后将童谣朗读出来，并通过再次播放录音检查听辨操作结果，随录音朗读童谣，巩固对童谣的学习。

大班语言活动：一园青菜成了精

活动背景

"一园青菜成了精"是一首山东儿歌，现已被编入绘本，深受幼儿喜爱。儿歌内容浅显易懂，语言风格诙谐幽默，让人忍俊不禁；大胆的夸张、恰当的比喻、巧妙的拟人，无不让人拍手叫好。儿歌的语言朗朗上口，富有韵律和节奏感。儿歌演绎了一个菜园里的热闹故事，给予儿童无穷的想象空间，能唤起小读者的共鸣。

大班幼儿阅读、学习书面语言的兴趣日益浓厚，其理解能力有所增强，表现与表达方式更趋多元化。为此，我们借助图画书引导幼儿展开集体阅读，旨在培养幼儿阅读能力和想象力，同时让其感受儿歌的趣味。

图 5-13　一园青菜成了精

活动目标

（1）通过观察等多种体验方式感受与理解图画书内容。

（2）在理解儿歌内容的基础上，有节奏地跟读儿歌。

（3）充分感受儿歌有趣且充满想象力的风格，并乐于参与游戏。

活动准备

绘本《一园青菜成了精》、相关课件。

活动过程

（1）幼儿带着问题自主阅读封面，了解故事背景并预测故事情节。

师：这个故事发生在什么地方？你从哪里看出来的？

（2）引导幼儿观察画面，发挥想象，通过讲述或表演表现故事内容。

① 看图，分组进行表演。

师：菜园里的菜精收到战书后是怎么做的？你是怎么知道的？小豆芽是怎么对大王说的？大王怎么说的？胡萝卜又是怎么说的？

教师引导幼儿分组分角色进行表演。

② 看图，引导幼儿用连贯的语言描述画面内容。

师：胡萝卜队先请出了谁出战？莲藕队呢？它们谁赢谁输？你能结合三幅图完整地说一说吗？之后又请出了谁出战？它们谁赢谁输？

引导幼儿把几幅图连起来说一说。

③ 观看故事结尾，提问：看看，这时的菜园和之前的菜园有什么不同呢？请幼儿大胆表达自己的想法。

（3）引导幼儿翻看图画书，倾听教师朗读童谣，引导幼儿说说这个童谣中哪里最有趣。

（4）幼儿自主阅读图书，教师巡回指导。

（5）延伸。在这本书的封底还有一幅有趣的画面，画面上有谁？猜猜即将发生什么。

活动延伸

引导幼儿续编儿歌，和家长一起自制图画书。

活动评析

（1）《一园青菜成了精》内容中巧妙地蕴含了青菜们的特性，体现了一种充满智慧的幽默。图画书不但有充满谐趣的画面，还有很多逗乐幼儿的细节，符合大班幼儿的认知特点和兴趣点，孩子们易被童谣的嬉戏意味和幽默的风格深深感染。

（2）多角度、多方式阅读引导策略促进了幼儿阅读能力的提升。首先，活动中教师能够仔细观察幼儿的表现，敏锐地捕捉幼儿的反映，满足孩子的需求和兴趣，保证了活动有效深入的开展。封面自主阅读观察、预测导入，激发了幼儿阅读兴趣。其后，通过问题引导幼儿捕捉关键信息、串联关键信息，促进幼儿理解故事。另外，在活动过程中教师运用多种阅读形式（结伴阅读、集体阅读、自主阅读）培养幼儿阅读理解能力和表述能力。

童谣《一园青菜成了精》：

出了城门往正东，一园青菜绿葱葱

最近几天没人问，他们个个成了精

绿头萝卜称大王，红头萝卜当娘娘

隔壁莲藕急了眼，一封战书打进园

豆芽菜跪倒来报信，胡萝卜挂帅去出征

两边兄弟来叫阵，大呼小叫争输赢

小葱端起银杆枪，一个劲儿向前冲

茄子一挺大肚皮，小葱撞个倒栽葱

韭菜使出双刃锋，呼啦呼啦上了阵

黄瓜甩起扫堂腿，踢得韭菜往回奔

莲藕斗得劲头儿足，胡萝卜急得搬救兵

歪嘴葫芦放大炮，轰隆隆隆三声响

打得大蒜裂了瓣，打得黄瓜上下青

打得辣椒满身红，打得茄子一身紫

打得豆腐尿黄水，打得凉粉战兢兢

藕王一看抵不过，一头钻进烂泥坑

第三节　幼儿园区域活动中的案例

　　区域活动相比其他类型活动更注重幼儿个性化学习。在本小节中，我们围绕区域主题，投放丰富的材料，引导幼儿充分地进行自选操作。在活动中，幼儿认真地听辨，大胆地观察发现，进行试误操作，感受与同伴合作游戏的乐趣，获得探索的成功感。

小班语言区：点兵点将

活动背景 ··· 扫码观看游戏视频

　　"点兵点将"游戏玩法简单易行，灵活有趣。游戏中的儿歌短小精悍，内容简单而富有口语化特点。

　　小班幼儿处于形象思维阶段，游戏行为依赖具体实物、场景。该活动为幼儿提供了多样的实物，创设了有趣的游戏场景，让幼儿在活动中充分地选择、操作，边吟诵边游戏。

图 5-14　点豆豆　　　　　　　　　图 5-15　量词图卡

活动目标

（1）喜欢和同伴一起游戏，懂得自觉遵守游戏规则。

（2）自主选择区域，了解区域游戏操作的玩法和规则。

（3）口齿清晰并有节奏地朗读游戏儿歌。

材料投放

用红、黄、蓝三色矿泉水瓶盖制作的"豆豆"（每种颜色不能超过5个），红、黄、蓝三色小框，数卡，实物（玩具、动物、食物）图卡若干。

使用与玩法

1."点豆豆"

首先，将红、黄、蓝三色的"豆豆"随机排成一排，幼儿依次做"点豆人"任选一个"豆豆"，伴随儿歌的节奏依次点"豆豆"。将点到的"豆豆"放置在对应颜色的小框里。接下来，其他幼儿接着前一幼儿点到的"豆豆"的位置开始按照游戏方法点。最后，比比看哪种颜色的"豆豆"点到的最多。

2."量词图卡"

将实物图卡反扣在桌面，并一字排开。两人用猜拳方法分出胜负，胜者可先开始游戏，边念儿歌边用手指点卡片。读一个字点一个张卡，当念到"好朋友"，在相应的卡片处停下来翻开，另一个人也依次按此方法翻出卡片。引导幼儿尝试用"一××"量词短语描述事物。

观察与指导重点

（1）可引导幼儿按照自己的意愿排列豆子，教师亦可有意识地按规律排豆子，引导幼儿观察发现。重点指导幼儿手口协调地"点豆豆"，避免跳点、漏点或手口不协调的现象发生。最后，引导幼儿手口一致地点数不同颜色的豆豆。

（2）"点老将"游戏中，教师有意识地引导幼儿用较完整的语言介绍自己翻的"好老将"。

由"点兵点将"游戏儿歌改编的两首游戏儿歌：

《点豆豆》

点，点，点豆豆。

点到一个小豆豆，

点到一个×的豆。

来来来，吃豆豆。

《点老将》

点兵点将，谁是我的好老将？

活动延伸

可根据幼儿的理解水平，结合实际游戏、活动需要改编游戏儿歌及游戏规则，开展智力游戏。

活动反思

"点豆豆"游戏中，教师尝试引导幼儿按照自己的意愿排列豆子，但出现"豆豆"间隔距离太大或不成一排的现象。为此，教师临时增添了长纸条这一配置，引导幼儿在纸条上从左往右依次排列豆子。通过辅助材料的投放，引导幼儿体验其中的秩序感。其后教师有意识地按规律排，引导幼儿观察发现。

小班语言区：大拇哥

活动背景

"大拇哥"是北方民间广为流传的游戏。童谣内容以三字或四字短句呈现，描述了身体主要部分，朗朗上口、通俗易懂。

小班幼儿好模仿，喜欢借助动作、表情表达，小肌肉动作灵活性有待提高，多为平行交往方式。通过本活动，引导幼儿积极主动自选区域进行操作，进一步巩固对身体各部分名称的认识，锻炼手部肌肉灵活性，并在区域活动中养成良好的学习习惯。

图 5-16 大拇哥

活动目标

（1）积极参与区域活动，养成及时整理、物归原处的好习惯。

（2）通过童谣巩固对身体各部分名称的认识，锻炼手部肌肉灵活性。

（3）自主选择区域，了解区域游戏操作的玩法和规则。

材料投放

（1）娃娃玩具、手指玩偶、录音、娃娃身体图片、身体各部位小贴图。

（2）创设表演舞台。

使用与玩法

（1）"贴贴乐"。幼儿边听童谣，边找到身体各部分小贴图，贴在娃娃身体图片相应位置，看谁贴得快。

（2）"表演乐"。幼儿结伴两两面对面站好，边念童谣边按语言内容指出相应的身体部分，看谁指得又快又准。

童谣及动作：

大拇哥（竖大拇指），二拇弟（出食指），张老三（出中指），李老四（出无名指），吾家老五小弟弟（出五指），十巴掌（摊开手掌），小手腕儿（转手腕），胳膊肘儿（抬起胳膊肘），小肩头儿（耸耸肩），闻香片（指鼻子），亮灯儿（指眼睛），毛毛虫儿（指眉毛），小蒲扇儿（指耳朵），单打宝宝后脑勺儿（指后脑）。

活动延伸

活动可延展到美工区、科学探索区活动，引导幼儿制作手指偶，并鼓励幼儿了解人体的其他器官。

活动反思

活动前引导幼儿阅读相关图书。活动中通过简笔画，加深幼儿对手指的认识，并进一步通过玩游戏、念儿歌的方式反复练习。播放儿歌磁带让幼儿跟读，之后一边跟读一边做动作，引导幼儿在游戏中学习，游戏虽进行多次，幼儿参与积极性一直很高。在游戏中教师及时调整自己的角色身份参与到幼儿游戏中去，抓住时机加以引导、教育。

中班语言区：小板凳歪歪

活动背景

该童谣采用两句式结构，将内容分两节表达。幼儿可以通过这种特殊结构形式的儿歌感受儿歌参差错落、优美和谐的效果。

幼儿在越来越多地接触童谣之后，逐渐意识到童谣语言具有明显的节奏性特点，体验感受到学习、吟诵的快乐。而区域活动中宽松、自由的氛围为幼儿提供了想说、敢说、有机会说的语言环境和机会。幼儿在区域活动中可自由操作、结伴朗读表演，体验活动的快乐。

图 5-17　小板凳歪歪

活动目标

（1）敢于大胆邀请同伴进行表演游戏。

（2）通过操作图卡感知六言句的句式结构，尝试改编童谣部分内容。

（3）多形式朗读，感知童谣的韵律特点。

材料投放

按照童谣内容制作折叠图卡，根据童谣每半句内容制作图卡3~4套，录音播放器，童谣录音，节奏图谱 。

使用与玩法

1."猜猜乐"

一名幼儿翻图卡，其他幼儿猜图卡中的内容。若猜中了便可获得翻图卡的机会，由猜中幼儿翻，其他幼儿猜。

2."变变变"

一名幼儿操作半句内容图卡，任意选择、出示一张图卡，其他幼儿需根据出示图卡内容接龙。

3."角色秀"

幼儿自选"乖乖、奶奶、小猴、公鸡、豆虫"角色，边拍手边吟诵童谣，当念到某个角色时，由扮演此角色幼儿表演童谣内容。

4."巧嘴乐"

幼儿自选节奏图谱（两种节奏型：××|××××，××××|××），打着节拍表演童谣。

观察与指导重点

1. 在"猜猜乐"游戏中，教师重点引导幼儿自觉遵守游戏规则、大胆完整说出童谣内容，及时纠正幼儿发音。

2. "变变变"游戏中，教师可引导幼儿记录接龙句子数量，看看谁接龙的句子最多。

3. "角色秀"游戏中，教师可在第一遍游戏中以角色身份平行参与游戏。鼓励幼儿大胆用肢体动作模仿表现。

4. "巧嘴乐"游戏中，教师引导幼儿按照节奏图谱吟诵表演，亦可鼓励幼儿以新节奏吟诵。

童谣《小板凳歪歪》：

小板凳歪歪，里面坐个乖乖。

乖乖出来买菜，里面坐个奶奶。

奶奶出来梳头，里面坐个小猴。

小猴出来穿衣，里面坐个公鸡。

公鸡出来打鸣，里面坐个豆虫。

豆虫出来咕哝，咕咕——哝。

活动延伸 ··········

（1）该活动后可以引导家长和幼儿一起收集三言句、四言句、杂言句等多样语句结构的地方童谣，和幼儿一起吟诵。

（2）将之改编成地方方言版本，引导幼儿一起吟诵。

（3）该活动主题还可发展为美术活动，引导幼儿制作折叠图卡。

活动反思 ··········

孩子们争抢着做翻图卡的人，教师引导幼儿遇到问题时要积极面对，想办法和同伴协商解决。游戏中，出现翻图卡后幼儿猜图猜错了仍继续游戏的现象。分析这一现象，问题在于翻图幼儿对童谣内容不熟悉，以至于判断错误。此时，需提供大图谱引导幼儿验证，不仅可帮助幼儿验证，还可帮助幼儿巩固对童谣内容的记忆。

中班语言区：拍大麦、比拼麦

活动背景 ··········

扫码观看游戏视频

"拍大麦""比拼麦"是流传在江浙一带的民间游戏。儿歌内容简单且口语化的特点便于幼儿理解、记忆。

中班幼儿语言能力较小班时有了明显提高。通过区域活动中的材料投放，引导幼儿在游戏操作中，进一步巩固发音，正确运用量词并尝试说出简单而完整的合成句，提高幼儿口头语言表达能力。

图 5-18 "比拼麦"游戏卡片

图 5-19 比拼麦

图 5-20 拍大麦

活动目标 ··

（1）喜欢和同伴一起游戏，懂得协商合作，自觉遵守游戏规则。

（2）自主选择区域，了解区域游戏操作的玩法和规则。

（3）理解方言童谣的内容，体会常州方言的趣味性。

材料投放

动物、植物、日常生活用品操作小图卡若干。

使用与玩法

1."拍大麦"：鼓励幼儿两两结伴，面对面坐好，自主地按照游戏内容提示开展拍手游戏活动。注意提醒幼儿遵守游戏规则，与同伴友好游戏。

2."比拼麦"：鼓励幼儿2~4人结伴游戏。幼儿平均分配并操作小图卡，将其摆成一摞，单手五指抓握拍图卡，其他幼儿迅速用量词短语描述被翻过开的图卡，说对了则可以赢得图卡。看谁赢得的图卡数量最多。

观察与指导重点

（1）"拍大麦"：自主游戏活动中，幼儿很容易出现犯规现象，教师可以同伴身份参与游戏，了解、评价游戏情况，或增设游戏小裁判自主评价游戏。

（2）"比拼麦"：游戏中，教师应及时指导幼儿尝试用短句及量词短语表达。

儿歌《拍大麦》:

一箩麦，两箩麦，	（双手合拢做拍手的动作）
三箩开始打大麦，	（动作同上）
噼噼啪，噼噼啪。	（幼儿双手自拍一下，再与对方对拍一下，两遍）
大麦打得多，	（双手自拍三下）
送你一大箩。	（双方双手对拍三下）
大麦打得响，	（双手自拍三下）
送你一头羊。	（双方双手对拍三下）

活动延伸

该游戏亦可改编为体育、音乐游戏。在家进行亲子游戏。

活动反思

中班幼儿对量词的掌握欠佳，开展这个游戏，旨在引导幼儿通过操作进一步巩固量词的使用。在这一过程中，将正确的语言表述录制成语音音频，便于幼儿操作后比对验证，培养幼儿的自主学习能力。在巡回指导过程，对于能力较强幼儿，鼓励他们采用扩句方式，丰富语言词汇，提升构词成句的能力。

大班语言区：好吃长沙

扫码观看游戏视频

活动背景

《好吃长沙》是一首脍炙人口的湖南长沙本地童谣。童谣中介绍了长沙的一些非常有名的风味小吃。童谣节奏明快，用地方方言朗读会增加几分独特的音韵感。

《3—6岁儿童学习与发展指南》中要求幼儿既会说普通话，也会说并且是首先学会本民族或本地区的语言。地方方言童谣蕴含了丰富的人文价值。本活动通过录音听辨、阅读、表达，多方位地引导幼儿自主学习、了解方言，激发幼儿对方言的兴趣。

图 5-21　好吃长沙：听辨与操作区

图 5-22　好吃长沙：阅读与表达区

活动目标

（1）听辨并学说长沙方言，对方言感兴趣。

（2）初步了解家乡的代表性景点，并愿意大胆向同伴介绍。

材料投放

童谣大图谱底图（将杨裕兴、奇珍阁、德园、火宫殿等内容用空格代替），自制杨裕兴、奇珍阁、德园、火宫殿小图谱，自制关于长沙风景名胜、长沙风味小吃的小书，播放器，童谣录音，小快板。

使用与玩法

1. 听辨与操作区

幼儿自己操作播放器，循环播放录音，随录音朗读。根据录音，将小图谱填补在童谣大图谱底图的空格中。引导幼儿和同伴边朗读童谣，边检验操作是否正确。

2. 阅读与表达区

幼儿自主翻阅自制关于长沙风景名胜、长沙风味小吃的小书，结合生活经验就"我知道的长沙好玩的地方、长沙的风味小吃"与同伴交流、分享。

观察与指导重点

1. 听辨与操作区

教师重点指导幼儿一些方言发音，鼓励幼儿尝试使用新学方言词汇。

2. 阅读与表达区

教师提醒幼儿正确阅读姿势，关注画面细节。引导幼儿边打快板边有节奏地朗读童谣。教师可以平行介入，以顾客身份请幼儿介绍长沙的风味小吃。

童谣《好吃长沙》：

杨裕兴的面，

奇珍阁的鸭，

德园里的包子真好呀。

火宫殿样样有，

有饭有菜有甜酒，

还有白糖盐菜藕。

活动延伸

（1）幼儿园可邀请家长参与地方方言童谣的收集，利用生活活动、晨间或离园活动时间开展"地方方言童谣分享"活动，引导家庭开展亲子童谣诵读。

（2）还可结合美工区、角色表演区开展活动。在美工区投放制作材料，引导幼儿制作家乡特色小吃。在角色表演区，开设地方风味小吃馆，引导幼儿进行游戏。

活动反思

区域活动中，教师设置了听辨操作区和阅读表达区两个区域，尽可能地满足幼儿学习、选择的需要。在听辨操作区，幼儿可根据自己的需要反复地听辨，操作图谱进一步检验听辨效果。幼儿可根据整段录音填补图谱表格，亦可根据录音找到对应的图谱。这样由易到难，激发幼儿参与的兴趣。在阅读与表达区，教师以外地游客身份引导幼儿介绍长沙的风味小吃，幼儿主人翁意识被激发，兴致很高，很乐意表达。幼儿吟诵童话时，教师边打节拍边跟着吟诵，对其发音进行纠正，让幼儿感受师生共同游戏的乐趣。

大班语言区：颠倒歌

活动背景

大班幼儿的词汇量有了明显增加，对事物的辨析、推理能力有所增强，我们收集了大量的民间颠倒歌并进行甄别遴选，引导幼儿体验民间童谣活泼、有趣的艺术特点，激发幼儿对民间童谣的喜爱之情，同时提升幼儿语言表达能力和逻辑思维能力。

活动目标

（1）感知我国民间儿歌"颠倒歌"的特点，尝试将一件事情说颠倒。

（2）自选区域操作，愿意大胆向同伴介绍自己的操作结果。

材料投放

依据颠倒歌内容制作文字底板，自制颠倒事物内容图卡两套，找错记录卡，录音机，录音笔。

使用与玩法

1. 听辨与操作区

幼儿自己任选颠倒歌，自主操作播放器，循环播放录音，随录音朗读。根据录音，将小图谱填补在儿歌大图谱底图的空格中。引导幼儿和同伴边朗读儿歌边检验操作内容是否正确。

2. 阅读与表达区

引导幼儿找出颠倒歌中颠倒的内容图卡，将之按照正确的顺序或方式张贴在找错卡中，并按照合理的搭配创编儿歌，大声朗读，用录音笔录制。

观察与指导重点

1. 听辨与操作区

引导幼儿认真倾听，并按要求完成大图谱任务。感知"颠倒歌"的特点和规律。

2. 阅读与表达区

引导幼儿找出颠倒歌中逻辑颠倒的内容，并能用较完整的语言说出理由。教师在活动中巡回指导，鼓励幼儿大胆创编，和同伴、老师交流，并及时指导幼儿的语言表达。

活动延伸

可建议家长与幼儿收集与内容相关的素材，一起进行颠倒歌表演。另外，亦可在班级开展颠倒主题图书、海报制作。

活动反思

本次活动中教师选择了两个贴近幼儿生活、难度较小便于幼儿理解的颠倒歌。为了更好地引导幼儿听辨理解。教师设计了两个区域，其中听辨操作区的游戏重点是在倾听基础上进行辨别，填补大图谱这一操作内容能更好地检验幼儿听辨和理解的效果。阅读与表达区重在引导幼儿进行推理思维，引导幼儿发现、辨析歌中不符合规律的内容。在创编过程中丰富幼儿的想象、促进语言学习与经验发展。

颠倒歌一《小花驴》:

小花驴，汪汪叫。蚂蚁过河压断桥。葫芦沉了底，石头水上漂。我说这句你不信，老鼠叼着狸猫走。

颠倒歌二《东西街，南北走》:

东西街，南北走。忽闻门外人咬狗，拿起门来推开手。拾起狗来打砖头，又被砖头咬了手。骑了轿子抬了马，吹了锣鼓打喇叭。

第四节　幼儿园其他活动中的案例

语言学习要融于幼儿一日生活当中。在幼儿园一日生活的过渡环节安排一些好玩的语言游戏，一方面可充分发挥环节的教育价值，另一方面也可丰富幼儿的活动。另外，语言类的家庭亲子游戏受到孩子和家长的青睐，可作为幼儿园游戏的有效补充和延伸。

小班亲子语言游戏：摇到外婆桥

活动背景

"外婆桥"游戏中的童谣节奏鲜明、朗朗上口，是幼儿非常喜欢的。

小班初期，幼儿十分依恋父母，喜欢、拥抱和抚摸等动作，也喜欢吟诵简单的童谣。

活动目标

（1）体验和家长一起游戏的快乐。

（2）能随童谣节奏有规律地晃动身体，保持身体平衡。

（3）了解游戏的玩法和规则。

活动准备

幼儿熟悉童谣。

活动过程

基本玩法：幼儿和家长一前一后同方向跪坐，后一人双手搭在前一人肩上，两人一起念童谣，身体随童谣节奏前后摇晃。当念到最后一句时，家长和幼儿拥抱。

创新玩法：所有家长和幼儿排成一队顺时针或逆时针围坐，幼儿在家长前面坐好，后面的人将双手搭在前一个人的肩上。排第一个的人为领头人，带领大家一起念童谣，可根据需要变化童谣节奏、速度。大家一边念童谣一边随童谣节奏前后摇晃。

活动反思

该游戏童谣简短易于记忆，孩子和家长都很享受这样的亲子时光。在游戏中，教师将游戏玩法进行了调整，从两两亲子合作到全部家长和幼儿共同合作，从按惯常语速朗读到变速朗读，逐渐增加了难度，让幼儿和家长体验协作共进，在边念童谣边前后摇晃的过程中获得愉快的游戏体验。

活动延伸

在班级可引导幼儿开展"读童谣 赛龙舟"游戏，培养幼儿的集体协作意识和团队精神。

童谣《外婆桥》：

摇啊摇，摇啊摇，船儿摇到外婆桥。

外婆好，外婆好，外婆对我嘻嘻笑。

摇啊摇，摇啊摇，船儿摇到外婆桥。

外婆好，外婆好，外婆给我一块糕。

摇啊摇，摇啊摇，船儿摇到外婆桥。

外婆夸我是个能干的好宝宝。

小班户外语言游戏：山上有个木头人

活动背景

"山上有个木头人"游戏童谣虽蕴含了许多易混淆的字词，但内容简短，通俗易懂，其玩法和规则适合小班幼儿理解、学习。

小班幼儿处于语音发展的飞跃期，他们虽基本掌握了本地区语言，但在实际说话时存在口齿不清、发音不准确的问题，在集体意识、倾听和自控能力方面还有待提高。通过游戏，可引导幼儿正确分辨语音，并在游戏中提高自控能力。

图 5-23　山上有个木头人

活动目标

（1）体验与同伴共同游戏的快乐。

（2）对指令性语言的理解能力、自控能力得到提升。

（3）发准"山、上、三"等字音。

活动准备

操场。

活动过程

基本玩法：教师带幼儿边拍手边念儿歌，儿歌念完后就不能动了，也不能发出声音，幼儿可以自由设计静止动作，要坚持到游戏的禁令解除方可活动身体。

创新玩法：教师带幼儿边拍手边念儿歌，儿歌念完后，教师迅速发出语言指令，请幼儿根据指令模仿相应动作，并保持该动作姿势2分钟。

活动延伸 ....

　　此类活动可应用于体能、音乐活动的设计中。建议家长在家和幼儿一起进行亲子游戏。

活动反思 ....

　　"山上有个木头人"的游戏来源于幼儿的游戏生活"木头人",孩子都特别喜欢。游戏从激发兴趣—练习发音—实践游戏—经验提升几方面层层递进。游戏开始,教师边手拉木偶人变换不同造型边念儿歌,意在让幼儿初步感受儿歌的内容。接着,教师通过示范、手势提示引导幼儿玩游戏,过程中对重点字的发音给与了重读,并及时针对幼儿发音情况做个别指导。在幼儿有了说和玩的经验之下,为了进一步激发、保持幼儿继续游戏的兴趣,在游戏后半部分即兴编入口令"本来要打千万下,时间来不及,马马虎虎打三下"。幼儿的兴奋点被进一步激发起来,感受到和同伴一起玩游戏的乐趣。

　　儿歌《山上有个木头人》:

　　　　　山,山,山,山上有个木头人。

　　　　　三,三,三,三个好玩的木头人。

　　　　　不许说话不许动!还有一个不许笑!

中班餐前语言游戏:两只小蜜蜂

扫码观看游戏视频

活动背景 ....

　　"两只小蜜蜂"是一首在北方流传的猜拳游戏。游戏儿歌内容简短,格式规整,语言指令明晰,便于幼儿理解。

　　中班幼儿规则意识增强,活泼好动。游戏中,幼儿不仅需在认真倾听儿歌中语言指令的基础上迅速做出反应,还需对对方的反应做出判断、分析,对幼儿的思辨能力提出挑战。为此，还可通过游戏儿歌的改编，引导幼儿认识更多生活中的昆虫并熟知它们的运动方式，增强认知能力。

图 5-24　两只小蜜蜂

活动目标

（1）自觉遵守游戏规则，正确面对游戏中的输赢。

（2）能根据语言指令快速做出反应，并能在学习儿歌的基础上大胆改编。

活动过程

基本玩法

两人面对面，边念儿歌边做相应动作。念到"飞呀"时，两人猜拳。赢者作拍打对方状，口念"啪啪"；输者口念"啊啊"。若双方出拳内容一致，则努嘴作亲亲状。

创新玩法

幼儿分男女两队面对面站好，边念儿歌边做相应动作。动作要求如下："两只小蜜蜂呀，飞在花丛中呀，飞呀"动作：两手作兰花指状展开双臂上下"飞舞"；"上飞飞，下飞飞"动作：男生两手掌心相对置于头顶，女生蹲下展开双臂上下"飞舞"；"左飞飞，右飞飞"动作：男生、女生分别两手掌心相对置于身体左侧、右侧上下"飞舞"；"飞呀"

动作：男生和对面的女生出"石头剪刀布"决输赢；赢者伸掌做刮鼻子动作口念"啪啪"；不输不赢则同时努嘴作亲亲状。输者需另寻其他对手一决胜负。

活动延伸

引导幼儿观察日常生活中的其他昆虫的生活习性、动作样态，据此改编儿歌内容。亦可在家庭中进行亲子游戏。

活动反思

游戏中，孩子们很喜欢和同伴面对面站立模仿小蜜蜂的动作。通过第一遍游戏，幼儿很快了解并掌握了游戏玩法。其后，教师对游戏玩法和规则进行了改变，增加了难度，幼儿出现了混淆动作的反应。为此，教师引导幼儿分男、女生游戏，进一步巩固了游戏玩法。在游戏进行到后半部分时，部分幼儿对游戏中的输赢缺乏正确的认识，教师肯定了幼儿积极参与和同伴友好游戏的表现，引导幼儿合理面对输赢。

儿歌《两只小蜜蜂》：

> 两只小蜜蜂呀，飞在花丛中呀，飞呀。
>
> 上飞飞，下飞飞。
>
> 左飞飞，右飞飞。
>
> 飞呀（猜拳），啪啪。
>
> 飞呀（猜拳），哈哈。

中班户外语言游戏：讨小狗

活动背景

"讨小狗"是一种流传在广东一带的民间游戏。游戏童谣内容反映了当地人日常生活交往中其乐融融的情景。采用一问一答的方言格式，句式短小精悍便于理解、吟诵。

中班幼儿活泼好动，富于想象，其听辨能力、交往能力有所增强。"讨小狗"游戏能有效提升听说及反应能力。"讨小狗"、"找小狗"环节，进一步增进了幼儿之间的相互交流，让幼儿体验到集体游戏的快乐。

图 5-25 讨小狗

活动目标

（1）体验和同伴游戏的乐趣。

（2）能用简单的语句描述事物的特点，并能根据语言指令快速做出反应。

（3）初步理解、学习广东常见方言词汇，了解游戏玩法和规则。

活动过程

基本玩法：一名幼儿为"讨小狗者"，另一名幼儿为"张家姆妈"，其余幼儿为"小狗"，"小狗"排成一路纵队（7~8人）蹲下。游戏开始，"张家姆妈"逐一介绍"小狗"的名字，"讨小狗者"边念儿歌边拍手，并围着"小狗"做跑跳步，到张家姆妈面前作敲门状，然后与"张家姆妈"一问一答讨"小狗"。"讨小狗者"选一只"小狗"，并用短句描述其特征。被选中的"小狗"跟随"讨小狗者"，新一轮游戏开始。

游戏规则：重新讨小狗时，刚讨到的小狗必须站在队伍最前面。

创新玩法：一名幼儿为"讨小狗者"，另一名幼儿为"张家姆妈"，其余幼儿为"小狗"，围成圆圈坐下。游戏开始，"小狗"自己取名并介绍，"讨小狗者"蒙眼站在圈中边念儿歌边拍手，与"张家姆妈"一问一答讨"小狗"。坐在圈上的"小狗"开始传递小狗娃娃，当"张家姆妈"说到"好！侬要哪只小花狗？"时，小狗娃娃在哪只"小狗"手中，该"小狗"需发出叫声，请"讨小狗者"猜一猜是谁？被猜中者须表演童谣。第二轮游戏"讨小狗"扮演者为第一轮最后拿到小狗娃娃的幼儿。

活动反思

在游戏前，请家长在家指导幼儿熟悉、了解相关方言词汇，为其后开展游戏做好前期准备。游戏一开始，幼儿对自己所扮演的角色有些不明确。为了进一步强化角色意识，教师临时增设了头饰，引导幼儿认识角色分配及游戏规则。为了让幼儿有更多表现的机会，教师对个别规则进行了调整，如"讨小狗者"选一只"小狗"，并用短句描述其特征，尝试听声音猜"小狗"等，不断增大游戏难度，幼儿饶有兴趣地沉浸在游戏当中。

儿歌（方言）：

笃笃笃，卖糖粥。三斤核桃四斤壳，吃侬肉，还侬壳。

讨狗者：笃笃笃，张家姆妈嘞啦啊？

张家姆妈：嘞啦，做啥？

讨狗者：问侬讨只小花狗，好啊？

张家姆妈：好！侬要哪只小花狗？

讨狗者：我要一只××狗。

大班餐前语言游戏：问答歌

活动背景

问答游戏是一种常见的民间口头对话游戏。该类游戏不受场地、材料限制，即兴组织即可，适合在一日活动过渡环节开展。餐前活动宜组织相对安静的活动，不宜进行剧烈、刺激的活动。而问答游戏对幼儿的听辨行为提出了一定挑战要求，此类活动安排在餐前较为合适。

大班幼儿爱学、好问，有极强的求知欲，且规则意识及合作意识有所增强。问答歌游戏有助于提高幼儿的思维敏捷度及语言表达能力。

基本玩法：可两人玩，也可两组玩。幼儿熟悉儿歌后，分为甲乙双方进行对歌，一队问，一队答。

活动反思

活动前，教师找来了《印象刘三姐》视频引导幼儿观看，孩子们纷纷跟着视频中的音乐唱起来。在第一遍游戏时，幼儿常忘记问和答的内容，教师组织幼儿讨论"怎样才能比较牢固地记住内容"，孩子们想了很多办法，如画下来，一边拿图卡一边说。教师再次朗读儿歌引导幼儿寻找其中的规律，还增加了图卡辅助幼儿开展游戏。

活动延伸

可根据儿歌内容做成操作图卡投放在区域中，亦可引导家长就这一主题在日常生活中和孩子一起进行亲子游戏。

儿歌《什么尖尖尖上天》：

什么尖尖尖上天？宝塔尖尖尖上天。什么尖尖在水边？菱角尖尖在水边。什么尖尖街上卖？粽子尖尖街上卖？什么尖尖姑娘前？花针儿尖尖姑娘前。

什么圆圆圆上天？太阳圆圆圆上天。什么圆圆在水边？荷叶圆圆在水边。什么圆圆街上卖？烧饼圆圆街上卖。什么圆圆姑娘前？镜子圆圆姑娘前。

案例设计

请您思考以下语言游戏适合在幼儿园什么环节开展，并设计相应的活动案例，对该游戏进行创新。

游戏：老鼠娶亲

游戏目标：培养幼儿的语言能力、反应能力。

游戏玩法：两人游戏。先学会童谣，并根据童谣内容做一系列动作，"抬花轿"（两手臂屈至肩），"放鞭炮"（双手平举），"吹喇叭"（双手握拳放在嘴边），"真热闹"（拍手），"来贺喜"（抱拳），"全吃掉"（张大嘴巴）。一名幼儿念儿歌越念越快，另一幼儿做动作也要相应越来越快。

游戏规则：要根据念儿歌的速度来做动作。若有一名幼儿出错，另一名幼儿就可刮对方的鼻子以示惩罚，之后游戏重新开始。

儿歌《老鼠娶亲》：

八只老鼠抬花轿，两只老鼠放鞭炮。四只老鼠吹喇叭，呜里哇啦真热闹。老猫听到来贺喜，一口一口全吃掉。

第六章
幼儿园运动类民间传统游戏的案例

章前导读

　　运动类民间传统游戏主要是指民间传统体育游戏，因其自身具有健身性、趣味性、普及性等特征而广为民众参与，是民间流传最广、开展最多的一类民间游戏。运动类民间传统游戏的形式文明、内容健康，且具有极强的独创性和变通性，许多游戏选材简单，不受场地限制可随时随地开展。将运动类民间传统游戏引入幼儿园，对幼儿身心健康发展和优化幼儿体育游戏结构具有重要意义。本章根据幼儿园一日活动的特点，选取了一些经典运动类民间传统游戏安排于其间。

第一节　幼儿园晨间活动中的案例

晨间是相对自由开放的时间段，幼儿经常陆陆续续来园，所以幼儿园在晨间多提供相对简便的民间体育游戏材料，也会组织一些不需要器材的徒手类民间体育游戏。幼儿一来园，则可以三三两两自主开展游戏，还可以邀请家长参加晨间活动，如玩沙包、贴膏药、滚铁环、踢毽子等。

小班运动游戏：好玩的沙包

活动背景

"丢沙包"是一个经典的群体性游戏。沙包一般用碎布缝成，用细沙或谷类填充。可在规定场地内前后各一名投手用沙包投击对方，被击中者受罚下场，若投出的沙包被对方接住，则此人可以增加"一条命"，或者让一个本已"阵亡"的战友重新上场。沙包游戏长期流传，玩法多样，有丢沙包、夹沙包、顶沙包等玩法，能促进幼儿身心协调发展，在幼儿的成长中起着不可低估的作用，是一项特别有益的活动，受到广大少年儿童的喜爱。它轻巧、方便的特点特别适合小班幼儿，在晨间活动中幼儿三三两两来园，自由拿取，可以开展各种沙包类活动。

图6-1　好玩的沙包

活动目标

1. 吸引幼儿按时来园参加晨间锻炼，感受晨间锻炼的乐趣。

2. 锻炼平衡、投掷、躲闪、四肢着地爬等动作，增强身体的平衡性和协调性。

3. 知道沙包的多种玩法。

活动过程

基本玩法：投沙包：设立2～3米的起止线，幼儿手持沙包站在起点投向止点。

游戏规则：幼儿站在起点线投掷沙包，可自然向前投出，也可以侧身上肩挥臂投掷。

创新玩法1：过独木桥：幼儿头顶沙包，双臂侧平举向前走，使身体保持平衡。或将沙包放在侧平举的手臂上，走过宽25厘米的独木桥。

注意事项：如沙包掉下，则原地拾起继续向前走。

创新玩法2：躲避流星雨：幼儿围成直径3米左右的圆圈，中间站5～6名幼儿，听口令围圈的幼儿向圈内的幼儿投掷沙包，圈内的幼儿躲避投掷过来的沙包以免被击中。

注意事项：不能向同伴头部投掷沙包。

创新玩法3：小乌龟运粮食：幼儿四肢着地，将沙包放在背上往前爬行。

注意事项：如沙包掉下，则原地拾起继续向前爬。

活动延伸

1. 将沙包投放在运动区域中，自由活动时间幼儿可以和同伴自主玩耍。

2. 将提示沙包的多种玩法的图片张贴在区域墙上，幼儿可以看图学习。

活动反思

由于沙包的轻便安全的特点及玩法的多样性，在晨间活动中被使用的频率较高。小班幼儿喜欢人手一件玩具、情境性强的游戏。为了激励幼儿早点来园参加晨间锻炼，教师不仅创设"小熊过独木桥"、"躲避流星雨"、"小乌龟运粮食"等游戏情境，还给积极参与游戏的幼儿小贴纸以示奖励。在游戏的过程中，教师总是以激励、示范、讲解、角色扮演等策略和方法来提高幼儿参与游戏的积极性，促进其身心和谐发展。

小班运动游戏：赶小猪

活动背景

"赶小猪"曾经广为流传于田野乡间，以随手可拾的小木棍、小树枝做"赶小猪"的器材，"小猪"可以是一坨泥巴，也可以是一块圆石头，一颗掉在地上的果子等。总之器材简单，是孩子随时随地可取的，而"赶小猪"回家的路程可长可短，"小猪"的家可以是一个树洞，也可以是一个小坑，甚至可以随意设定一个地方。

图 6-2　赶小猪

"赶小猪"游戏逐渐从乡村走入城镇，直至今天，很多幼儿园均有开展。游戏器械在原有的基础上得到了改良，"推杆"由易拉罐和新型的PVC材料组合而成，"小猪"则可以是大小不一的报纸球。"小猪的家门"是剪出的大小适当的拱形的纸盒立面。此游戏运动量不大，操作安全，适宜小班幼儿玩耍。该游戏在锻炼幼儿手臂力量和手眼协调能力的同时，引导幼儿初步形成任务意识。

活动目标

1. 感受把"小猪"送回"家"的喜悦，体验任务达成的快乐。
2. 通过把"小猪"送回"家"的游戏，锻炼手臂力量，提高手眼协调能力。
3. 在老师的提醒下遵守游戏规则，坚持完成"送小猪回家"的任务。

活动准备

大小不一的推杆和纸球若干，大、中、小尺寸的门洞三个，设定距离分别为4米、5米、6米的起止线。

活动过程

基本玩法：幼儿人手一个推杆，一个纸球，手持推杆，站在起点线，赶着"小猪"（纸球）向前滚动，直到把"小猪"赶回"家"（门洞）。

游戏规则：幼儿须站在起点线，如中途"小猪"偏离了方向，要坚持把"小猪"赶回家。

创新玩法1：设置三种大小的推杆和纸球及大、中、小号门洞，幼儿可自由选择不同大小的器械进行游戏。

创新玩法2：在幼儿熟练操作的基础上，可于中途设置障碍，赶"小猪"绕障碍回"家"，可以开展竞赛，比比谁的"小猪"先回"家"。

游戏规则：要绕过障碍把"小猪"送回"家"。

活动延伸

晨间活动时，可以邀请家长和幼儿一起进行游戏，增进亲子情感，也可以把器械放在班级民间游戏区角或走廊，自由活动时供幼儿自由拿取、自主游戏。

活动反思

小班幼儿以直觉行动思维为主，喜欢在情境中游戏。但因小班幼儿任务意识不够强，手眼协调能力较差，在最开始游戏时，有的幼儿不能坚持把"小猪"送回家。而有的幼儿拿推杆的方法不科学，手腕和手臂的用力方式不恰当，以致纸球不能按照设想的路线滚动。这时老师的介入指导很重要，一是帮助幼儿纠正动作，示范拿推杆正确的方法；二是鼓励幼儿坚持完成把"小猪"送回家的任务。教师在游戏的设置上考虑了层次性，设置不同大小的门洞、不同大小的"小猪"、不同大小的"推杆"、不同的起止距离，可让幼儿有不同的选择，使每个幼儿在原有基础上得到了发展，遵循了"最近发展区"的原则。

中班运动游戏：贴膏药

活动背景

扫码观看游戏视频

"贴膏药"是我们儿时经常玩的一种民间游戏，游戏玩法简单易懂，需要幼儿两两一组，像贴膏药一样一前一后紧紧地站在一起，另外的"膏药"贴上来则马上采取行动。这是一个可以锻炼幼儿的快速反应能力和合作意识的游戏，它将追逐跑变得更加刺激有趣。

中班幼儿与小班幼儿相比，协调性进一步发展，活动能力增强，喜欢跑、跳、攀、钻等各种活动。游戏内容更加丰富，有一定的情节，游戏中还能与他人合作。"贴膏药"

这项游戏非常适合中班幼儿玩耍，它可以提高中班幼儿动作的敏捷性，同时在与他人合作游戏的过程中，加深与老师、同伴的感情。

图 6-3　贴膏药

活 动 目 标

1. 能够遵守游戏规则，体验与同伴共同游戏的快乐。
2. 通过玩贴膏药游戏，练习追逐跑、躲闪跑。
3. 在游戏中学会观察思考快速追逐和快速躲闪的方法。

活 动 准 备

在空旷的场地上画一个大圆圈。

活 动 过 程

基本玩法：选两名幼儿，一名为"膏药"，一名为"医生"，其他幼儿每两名为一组，前后贴紧站立。游戏开始后，"医生"开始追赶"膏药"，"膏药"快速跑到某组幼儿的前面，这时该组后面的幼儿变成"膏药"，可自由奔跑，如果"膏药"被"医生"抓到，两人互换角色，继续游戏。

游戏规则：扮演"膏药"和"医生"的两名幼儿必须在大圆圈内跑，被拍到就算被追到；如果"膏药"跑出圈外，则自动换为"医生"。

创新玩法1：在熟悉玩法后，男"膏药"只能贴男生，女"膏药"只能贴女生，贴错的幼儿则为输。

创新玩法2：将幼儿分成红、黄两队，并给每个幼儿身上贴上红色或黄色的标记，交错站队，红队幼儿只能贴红队，黄队幼儿只能贴黄队，若贴错，则成为"医生"去追"膏药"，游戏继续。

活动反思

此游戏虽玩法简单，但对幼儿快速躲闪、奔跑能力及与同伴合作的能力要求较高。中班幼儿较小班幼儿无论是动作的灵敏性还是合作能力方面都有了很大的提高。为了降低游戏的难度，在"膏药"奔跑的过程中，只要用手拍到了站立的同伴，那名同伴就可以做"膏药"去贴别人，而"医生"只要碰到了奔跑的"膏药"则为胜。在游戏的过程中，教师要根据幼儿的游戏情况，随时调整规则、玩法，以便游戏顺利进行。

大班运动游戏：滚铁环

活动背景

滚铁环，于20世纪六七十年代盛行全国。铁环作为一种玩具，由两部分组成，一是铁制圆环，一是推动铁环前进的长柄。滚铁环的关键之处在于掌握好平衡，用长柄推动铁环滚动，需要幼儿找到并掌握让铁环平稳滚动的技巧。因此它是一项技巧性和趣味性都非常强的游戏。

大班幼儿动作灵活，控制能力、平衡能力明显增强。滚铁环游戏可以提高大班幼儿的平衡能力、肢体的协调能力，以及眼力、四肢活动能力，让幼儿在游戏中成长，锻炼出灵巧的、健康的身体。

图 6-4　滚铁环

活 动 目 标

1. 感受挑战的快乐，体验滚铁环的乐趣。

2. 尝试将铁环连续滚动约4米的距离，游戏中能够与他人共享场地。

3. 学习滚铁环的技巧，锻炼协调性。

活 动 准 备

材料准备：幼儿人手一副铁环。

场地准备：平坦的空地，画好相距4米的起点线和终点线。

活 动 过 程

基本玩法：幼儿手拿铁环站在起点线后，左手轻扶铁环，右手握着长杆，用"U"型铁钩勾住铁圈进入准备状态；左手顺势推出铁环，右手紧握"U"型长杆推动铁圈依靠惯性向前行驶；推动铁环持续滚动，用"U"型铁钩保持铁环的平衡，可以直线也可以曲线行驶，滚过终点线即为成功。

游戏规则：滚铁环过程中手不能碰铁环，铁环不能和人分离，否则回到起点线重新开始。

创新玩法1：设置起点线和终点线，在两线之间放置障碍物，幼儿一边滚动铁环一边绕过障碍物，滚过终点线即为成功。游戏中铁环不能和人分离，否则回到起点线重新开始。

创新玩法2：滚铁环接力：4~5名幼儿相隔5米左右站好，起点的幼儿向前滚动铁环，传给下一名幼儿，依次接力滚铁环。

创新玩法3：创设一定的坡度，让幼儿滚铁环上下坡。

活动延伸

1. 幼儿回家和家里人交流，了解他们童年时期玩过哪些民间游戏。
2. 休息日和家长一起滚铁环。

活动反思

在游戏前教师介绍了铁环的构成，组织观看滚铁环的视频，充分调动了幼儿游戏的兴趣。因为滚铁环对技巧的要求高，教师在游戏前进行了完整的示范，并不断鼓励幼儿，对不能很好掌握技巧与方法的幼儿进行了个别指导。教师还运用家园配合策略，不断调整玩法，层层递进，逐渐增加难度，绕障碍滚铁环和在一定坡度上滚铁环，大大激发了幼儿挑战的兴趣。

第二节 幼儿园教学活动中的案例

在运动类民间传统游戏教学活动中，我们都遵循体育教学中的三个大步骤：开始部分即热身运动，基本部分即动作的练习及巩固，结束部分即放松活动，引导幼儿通过自主探究、示范讲解、竞赛激励等方法和活动，在和同伴游戏的过程中发展动作、锻炼体质，提高交往能力，培养学习品质。

小班体育活动：骑竹马

活动背景

骑竹马是一种历史悠久的儿童游戏，在《后汉书》和《世说新语》中有相关记载，"儿童胯下夹一竹竿来回奔跑，以乘骑为戏。民间并有歌谣唱道：天光光，草青青，秀才郎，骑竹马，过南塘，看娇娘"。当今幼儿根本就不知道竹马为何物，竹马是如何做出来的，骑竹马的民间游戏似乎已经成为一种过去的记忆。我们将此游戏纳入幼儿园体育活

图6-5 骑竹马

动中。考虑到材料的安全性和幼儿年龄特点，我们选择了泡沫棒来当"竹马"，引导幼儿了解游戏玩法。

小班幼儿好模仿，喜欢情境性强的游戏。在活动中，幼儿自由地进行一物多玩的尝试，探索花样玩法。通过教师的语言指导、环境创设营造运动游戏氛围，重点训练幼儿夹物行进跳，体验运动的快乐。

活动目标

1. 勇敢参与各项挑战游戏，体验其中的乐趣。
2. 弹跳能力得到提升，动作协调性、反应灵敏度增强。
3. 运用泡沫棒尝试一物多玩，练习夹物行进跳。

活动准备

1. 材料：泡沫棒（人手一根），瓶子（若干），用于热身时、游戏中和放松时的背景音乐。
2. 平坦而宽敞的场地。

活动过程

1. 开始部分：热身环节。师幼一起听音乐做热身操。

教师引导幼儿扮演骑兵角色，带幼儿一起听音乐做热身操，活动关节。

2. 基本部分：探索骑竹马的玩法，重点练习双脚夹物行进跳。

（1）幼儿发挥想象，初步尝试玩泡沫棒。

教师与幼儿一起玩泡沫棒，并且观察幼儿的玩法，引导幼儿之间互相学习。

（2）教师与幼儿一起骑竹马练习。重点练习双脚夹物行进跳。

教师表演骑竹马双脚跳，幼儿自由练习，教师巡回指导。

动作要领：将泡沫棒放在两腿之间，双腿夹紧，双手紧握泡沫棒，跳跃行走。

教师表演"骑竹马拿宝剑"，并请幼儿体验骑竹马，之后幼儿自由练习骑竹马，教师巡回指导。

动作要领：将泡沫棒放在两腿之间，双腿夹紧，一只手紧握泡沫棒，另一只手拿泡沫棒做宝剑，跳跃行走。

（3）游戏"骑兵巡逻"：创设骑兵巡逻情境，幼儿骑竹马围着操场走，在操场中间摆上大量的瓶子，引导幼儿骑竹马拿"宝剑（泡沫棒）"击打"怪兽"（瓶子）。

3. 结束部分：放松身体、收拾泡沫棒。

教师与幼儿一起总结骑竹马的心得，讨论骑竹马的感受。师幼一起听音乐进行小腿肌肉的放松和拉伸活动。收拾整理泡沫棒，结束活动。

活动延伸

可以将此活动器材放置在体育区角，引导幼儿自选游戏，还可引导幼儿和家长尝试改编游戏玩法。

活动评析

1. 泡沫棒是幼儿日常生活中常见的安全性较高的玩具，活动选材贴近幼儿生活，深受幼儿的喜爱。活动设计重难点突出。本次活动中，教师把活动的重点放在夹物行进跳，并在设计活动时巧妙地将民间游戏"骑竹马"设置在其中。探索多形式的练习，其中包括多种富有挑战性的游戏情境，如"骑竹马拿宝剑"、"骑兵巡逻"等。幼儿夹物行进跳由原地行进跳到长距离绕障碍行进跳，速度由慢到快，在愉快的游戏中练习，促进其跑跳能力逐步提高。

2. 教师能针对幼儿的实际水平有的放矢地进行指导，活动组织策略灵活多样。热身运动后的自主探索活动中，有的幼儿挥动"泡沫棒"追赶起来，有的幼儿将"泡沫棒"放置在地面练习行进跳。少数幼儿站在原地不知所措。于是，教师根据小班幼儿好模仿、喜欢情境性游戏的特点，以平行参与的形式指导幼儿在情景中探究玩法。在游戏中，教师通过语言引导、动作示范、营造游戏情境，让幼儿在轻松、快乐的游戏情境中参与体验。在基本部分环节，教师通过游戏语言引导幼儿主动参与活动，观察了解幼儿的玩法，有选择有针对性地鼓励幼儿在集体中带领同伴集体模仿学习。其后，教师随机自创简短的儿歌讲解基本动作，"坐上小竹马，双脚并并拢，勇敢向前跳，得儿驾得儿驾……"对于动作不协调的幼儿，教师则以同伴身份在一旁示范，鼓励、引导幼儿分步骤练习。在游戏"骑兵巡逻"环节中，教师通过背景音乐和语言营造游戏氛围。其间，教师通过"快，怪兽来了，快跑""累了吗？我们慢一点"，调整运动速度，确保运动量适宜。

中班体育活动：踩高跷

活动背景

踩高跷，俗称缚柴脚，亦称"踏高跷"、"扎高脚"、"走高腿"，是民间盛行的一种群众性技艺表演，技艺性强，形式活泼多样，深受群众喜爱。幼儿园体育活动"踩高跷"，根据幼儿的年龄特点，在材料上和玩法上都有所创新。选取材料时多是废物利用，利用旺仔牛奶易拉罐和麻绳结合起来做成高跷。材料随手可得，高度和宽度符合幼儿年龄特点。因踩高跷对幼儿的平衡能力和身体的协调性要求较高，所以适合中班及大班幼儿玩耍。

图 6-6　踩高跷

活动目标

1. 感受踩高跷的乐趣，体验挑战成功的自豪感。

2. 能踩高跷往前走，保持身体平衡，提高动作的协调性和灵活性。

3. 学习踩高跷的方法。

活动准备

1. 用旺仔牛奶罐制作的高跷，人手一套。

2. 活泼的热身音乐和舒缓的放松音乐。

3. 场地平坦宽敞。

活动过程

1. 开始部分，热身运动：幼儿在教师的带领下听音乐做健身操，重点活动腿部。

2. 基本部分，练习踩高跷，锻炼动作的协调性和灵活性。

（1）出示高跷，自由讨论玩法，了解游戏时需要注意什么。

（2）自由探索玩法：幼儿可一人玩，也可几个人合作玩，引导幼儿探索多种玩法。如单脚或双脚从高跷上跳过；将两个高跷前后间隔一段距离摆放，练习跨跳；将高跷有间隔地排成一条直线，练习跑"S"形路线等。还可以请个别幼儿演示，并鼓励幼儿尝试各种玩法。

（3）学习并练习踩高跷。

①教师介绍并示范踩高跷的方法：两只脚踩在高跷上，两手分别抓住固定在高跷上的绳子，双脚交替往前走，看谁走得又快又稳。

②个别幼儿示范"踩高跷"的方法，引导其他幼儿仔细观察，发现动作要领：用脚心踩在"高跷"上，双手拉直绳子，保持身体平衡。

③幼儿在场地自由练习踩高跷，老师巡回指导。

④幼儿分组进行踩高跷接力赛。

游戏玩法：设立距离为10米的起止线。将幼儿分成四组，每组人数相同。哨声响起每组的第一位幼儿踩着高跷朝终点处快速走去，到达终点站后敲打一下各组的小鼓，然后沿原路返回，第一位到达终点后，每组的下一位小朋友继续前进，依次进行，看哪一组先结束，哪一组就获胜。

⑤增加难度，再次进行游戏。

增加难度，让幼儿在一定坡度上练习踩高跷，使幼儿更直接体验手拉紧绳子的动作要领。教师观察，并及时提醒幼儿动作要领，对能力较弱的幼儿进行适时的指导。

3. 结束部分，做放松运动及小结整理。

（1）听音乐做身体放松运动，重点放松四肢，可引导幼儿互相按摩手臂和腿部。

（2）教师小结游戏情况。

（3）幼儿整理各种材料、器械并送回运动区。

活动评析 ....

踩高跷活动因器材简单，玩法简单，对场地要求不苛严，趣味性强，能有效锻炼身体等特点，成为中大班幼儿喜欢的体育游戏。幼儿不仅参与热情高，而且能一直探索踩高跷保持身体平衡的方法，能力强的幼儿能主动指导能力弱的幼儿，有的幼儿能主动向老师寻求帮助，而教师始终以游戏者的身份参与活动，适时指导幼儿完成任务，师幼、幼幼互动良好。老师巧妙地运用了自主探索、同伴示范、语言提示、游戏竞赛、表扬鼓励等教学策略，使幼儿始终处于情绪饱满的状态。几乎所有的幼儿都能较自如地在平地上踩高跷。最后通过绕障碍踩高跷接力的游戏，增加了游戏的难度和趣味性，培养了幼儿的竞争意识，使整个活动层层递进。

本次活动的不足是在对幼儿个体的层次性设计上考虑不周全，有的幼儿很快就能自如地踩高跷了，可以尝试增加难度让他挑战，如在平衡凳上踩高跷，踩高跷顶沙包保持平衡等，使每位幼儿在原有基础上得到了发展。

大班体育活动：跳皮筋

扫码观看游戏视频

活动背景

跳皮筋，也叫跳橡皮筋、跳橡皮绳、跳猴皮筋，是一种适宜于儿童的民间游戏。因它具有经济、简便、趣味性强等特点，深受广大学生喜爱。皮筋是用橡胶制成的有弹性的细绳。可三人至五人一起玩，亦可分两组比赛，边跳边唱非常有趣。跳皮筋时有挑、勾、踩、跨、摆、碰、绕、掏、压、踢10余种腿部基本动作，同时还可组合跳出若干个花样来。跳的时间和强度可因人而异，还可按儿歌或乐曲伴奏的节拍，结合健美的舞步和体操动作进行。跳皮筋主要是下肢动作，但手臂也要配合，还需要身体前倾、侧倾、后倾来增大下肢活动的幅度，这都要求有一定的连贯性和控制身体的能力，故适合在幼儿园大班及小学开展。幼儿园相关活动主要以两根橡皮筋拉扯出长方形、三角形、多边形，多练习踩、挑、跨、点等简单的动作，以增强下肢肌肉的力量和灵活性，逐步提高合作能力。

图6-7　跳皮筋

活动目标

1. 体验和同伴一起跳皮筋的快乐。

2. 增强下肢力量，锻炼身体的协调性和灵活性，提高弹跳能力。尝试根据儿歌节奏跳皮筋。

3. 学习挑、踩、点等跳皮筋的基本方法。

活动准备

1. 皮筋若干。

2. 节奏轻快的热身音乐及舒缓的放松音乐。

活动过程

1. 开始部分：幼儿在教师的带领下听音乐进行热身，重点活动下肢。

2. 基本部分：和同伴一起练习跳皮筋，锻炼下肢力量和身体的灵活性。

（1）和同伴一起自由探索玩法：可几个人合作玩，引导幼儿把皮筋拉扯出不同的形状，探索多种玩法，可用踩、挑、点、双脚或单脚跳等方法。

（2）和同伴一起学习并练习跳皮筋。

①请跳得好的一组幼儿示范玩法。

②请几名幼儿把皮筋拉扯成三角形，老师示范玩法：可以单个跳，也可以几个幼儿一组，其中一名是领跳者，他跳什么动作，其他几位跟跳，如出错则出局。

③幼儿在场地自由组合练习跳皮筋，老师巡回指导。

（3）引导幼儿尝试根据民谣《马兰花开》跳皮筋。

（4）同伴互学。幼儿集中围成大圆圈，每组幼儿展示本组的玩法，并引导幼儿进行评价。

（5）幼儿再次分组念儿歌跳皮筋。

3. 结束部分：进行放松运动，小结及整理器材。

（1）听音乐做身体放松运动，重点放松下肢。

（2）教师小结游戏情况。

（3）幼儿整理皮筋并送回运动区。

活动延伸

1. 把皮筋放在运动区，幼儿可以自由拿取，在走廊、阳台等地跳皮筋。

2. 下载跳皮筋的各种视频供幼儿观看，让幼儿感受跳皮筋的多样化和趣味性，激发跳皮筋的兴趣。

3. 家长和幼儿在家里跳皮筋。

活动评析

跳皮筋活动材料简单，玩法多样，自主性强，是大班幼儿喜欢的体育游戏。此次活动目标基本达成，在整个活动中，同伴互助和榜样示范的教学策划得到较好的实现。幼儿基本学会了踩、点、挑、单双脚跳进两根皮筋之间的方法，在跳皮筋的过程中能保持身体的平衡。但因为跳皮筋需掌握的技巧性较强，有15%左右的幼儿在多次尝试未获得成功后就处于消极状态，这时老师及时介入，参与或鼓励会跳的同伴带领这些幼儿一起玩耍，提高了游戏的积极性。有一组幼儿把皮筋拉成三角形，配上本地传统的儿歌《坛子灌》，儿歌中出现一个长沙景点就按顺时针方向跳到三角形的另一条边，增加了游戏的趣味性和灵活性。因为有了榜样示范，在接下来的配儿歌跳皮筋中，幼儿自觉地将一些简单的儿歌节奏和跳皮筋匹配起来。本次活动充分利用了自主探究、同帮互助、榜样示范、有效评价的学习策略，有利于大班幼儿身体协调性的锻炼。

活动的不足是在游戏前还应有经验准备，可以提供一些跳皮筋的有趣视频让幼儿观察和了解皮筋的多种跳法及趣味性，以更好地调动幼儿游戏的兴趣，激发他们挑战的兴趣。

第三节　幼儿园区域活动中的案例

本节的运动类区域活动都是以班级为单位的，包括室内、户外两种形式。

小班室内运动类区域活动

活动背景

　　"吹羽毛"是一项两人竞技性游戏，游戏材料简单，能很好地锻炼幼儿的肺活量和控制能力。"炒黄豆"对原先的游戏玩法进行了改编，配上朗朗上口的儿歌，具有浓厚的趣味性，在玩的过程中不仅培养幼儿手眼协调的能力，还能增强手臂大肌肉群的力量。"打老鼠"游戏则是根据"小老鼠上灯台"游戏儿歌创编的游戏活动，幼儿在游戏中锻炼迅速反应力，培养身体的敏捷性和协调性，体验扮演角色的乐趣。

图 6-8　吹羽毛

图 6-9　打老鼠

图 6-10　炒黄豆

活动目标

1. 根据自己的意愿选择不同的游戏，体验和同伴合作游戏的乐趣。

2. 练习快蹲、抛接等基本动作，提高身体协调性。

3. 了解每个游戏的玩法和规则，熟悉游戏儿歌，并能搭配儿歌进行游戏。

区域设计

1. 吹羽毛

器材准备：羽毛、桌子。

游戏玩法：在桌子中间放根羽毛，两人各站在桌子的两端，同时将羽毛吹起，最后以将羽毛吹到对方的一端落下者为胜。

指导要点：引导幼儿定向用力吹气，适当控制呼气的力度，尝试调整呼吸。

2. 打老鼠

材料准备：充气锤（1个）、老鼠头饰（数量与幼儿人数一样）、猫头饰（1个）。

游戏玩法：一幼儿戴上猫头饰手持充气锤站在圆圈中间，其他幼儿戴上老鼠头饰站在直径2米的圆圈线上。扮演猫的幼儿蹲在圆圈中心作睡觉状，扮演老鼠的幼儿戴上头饰一边在圈上沿顺时针方向学老鼠走，一边念儿歌："小老鼠，上灯台，偷油吃，下不来，喵喵喵，猫来了。"念到"猫来了"，老鼠快速蹲下，中间扮演猫的幼儿手持充气锤敲打没有蹲下的老鼠，被打中的老鼠暂停游戏，打中3~5只老鼠时一轮游戏结束，交换角色开始下一轮游戏。

指导要点：引导幼儿自主遵守游戏规则，当念到"猫来了"，扮演"老鼠"的幼儿才能蹲下，其他时候都必须在圈上沿顺时针走动。

3. 炒黄豆

材料准备：小塑料筐（8个）、小报纸球（50个）。

游戏玩法：幼儿将报纸小球放置在小塑料筐内，边念儿歌边游戏："炒，炒，炒黄豆，炒好黄豆，翻豆豆"，念到"翻豆豆"的时候，将小塑料筐中间的报纸球向上抛出，然后用小塑料筐接住。炒黄豆时，可以单人炒，也可以两人合作炒黄豆。

指导要点：提示幼儿一边念儿歌一边游戏，手眼协调抛接报纸球。

活动延伸

1. 幼儿园可邀请家长收集民间体育游戏，自制器材投入幼儿园区域活动中，并引导幼儿参与活动。

2. 此活动还可结合美工区活动进行，在美工区投放报纸、小手帕等，引导幼儿自制纸球、小老鼠。

活动反思

室内小型运动区域活动的开展，解决了因下雨或极寒极热天气不方便开展室外运动的问题，同样达到了增强幼儿体质、发展动作的目的。在自选游戏中，三个小型运动游戏都得到了幼儿的喜爱。因小班幼儿合作性还不太强，"打老鼠"的游戏需要老师在一旁组织和提示，念完儿歌后也有一些幼儿反应较慢没有快速下蹲，不过幼儿似乎很喜欢被"猫"用充气锤敲打，都开心快乐地和同伴游戏。"炒黄豆"游戏过程中，幼儿自然地由单人玩耍发展到双人玩耍，合作抛接纸球，可以用柔软的方形布代替塑料筐，便于两人合作抛接纸球。

小班户外运动类区域活动

活动背景

网鱼
扫码观看游戏视频

本次区域活动设计的民间体育游戏有"扔飞盘"、"抓老鼠"、"网鱼"。为了幼儿的安全，使用的飞盘用布和塑料圈制作而成，幼儿人手一份，发展投掷能力，锻炼手臂大肌肉群力量。"抓老鼠"因其情境性和趣味性，成为小班幼儿喜爱的一项民间体育游戏，风靡大江南北，在追逐的过程中，锻炼了幼儿的快跑和躲闪能力，并使其体验成功的快乐。民间游戏"网鱼"为徒手类游戏，锻炼幼儿的动作和反应能力，体验与同伴一起玩游戏的乐趣。

图 6-11　扔飞盘

图 6-12　抓老鼠

图 6-13　网鱼

活动目标

1. 感受自选区域游戏的快乐，体验游戏带来的成功感，学习遵守游戏规则。

2. 在游戏中，练习抛、躲闪跑、正面钻等基本动作，发展手臂力量、下肢力量，锻炼身体的灵活性和协调性。

3. 学习向前上方抛的方法和正面钻的动作。

活动准备

1. 轻快热烈的热身音乐及舒缓的放松音乐。

2. 准备相关的区域材料。

区域设计

1. 扔飞盘

材料准备：布制飞盘人手一个。

游戏玩法：设置相距6米的起点和终点，幼儿站在起点线上，手持飞盘由胸前向前上方自然抛出去，看谁的飞盘飞得远，能飞过终点线。

指导要点：幼儿双脚一前一后站立，单手拿飞盘，向前上方抛出飞盘时手臂要用力。

2. 抓老鼠

材料准备：自制的小老鼠若干，老鼠尾巴要长一点。

游戏玩法：在老师和同伴的帮助下，将老鼠的身体塞在裤子后面，让老鼠尾巴露在衣服外面，幼儿互相追逐抓同伴的老鼠尾巴，抓到的为胜。同一时间内，比谁抓得多。

指导要点：提醒幼儿追逐跑时避免和同伴碰撞，注意正确的跑步姿势。

3. 网鱼

材料准备：空旷的户外场地。

游戏玩法：先由4～8名幼儿面对面站好，双手向上方搭好做"渔网"，其余幼儿排成一纵队做"鱼"，从"渔网"下穿过，当听到口令"网鱼啰"，所有"渔网"合拢，被网到的幼儿和做"渔网"的幼儿交换角色，游戏继续进行。

活动延伸

1. 把民间游戏材料投放在运动区域，方便幼儿自由活动时拿取进行游戏。

2. 家长带领幼儿一起制作小老鼠玩偶，并在园外开展这类游戏。

3. 根据游戏情况，可在每个区域设置不同的层次要求，如飞盘区域设置一定高度，要求幼儿投过一定的高度。在抓老鼠尾巴区域设置障碍，让幼儿练习绕障碍快跑。

活动反思

大部分幼儿在老师的提醒下能遵守游戏规则和区域自选规则，并能在一个区域内坚持10分钟左右再更换区域活动。从区域人数看，选择扔飞盘区域和抓老鼠区域的人数较多，幼儿的兴趣也很浓厚，并能在游戏中体验成功的快乐。"网鱼"区域开始人数较少，分析原因：小班幼儿更喜欢有材料的游戏。老师调整了策略，提供了小鱼头饰，并配上了音乐，音乐一停开始"网鱼"，第二轮游戏时，选择"网鱼"区域的幼儿也多起来了。由此可见，小班幼儿喜欢情景性强的游戏及颜色鲜艳的、人手一份的材料。教师在区域活动中一定要认真观察每位幼儿的活动情况，采取相应的指导策略，这样才能使幼儿在游戏中得到有效的锻炼。

中班室内运动类区域活动

活动背景

充分利用包括阳台、楼道在内的室内场地，在运动区域内开展器材轻便、活动范围小的几种体育游戏：挑小棒、梅花桩、占角等。"挑小棒"又称撒棒或挑棍，一般为两人游戏，也可多人游戏，在物资匮乏的年代多用冰棒棍，主要发展幼儿手眼协调能力和观察能力、合作能力，锻炼手指小肌肉群的灵活性。"梅花桩"，又名梅花拳，简称梅拳，是立于桩上练习的一种拳术，也常用来作为基本功练习。幼儿园受场地限制，用旺仔牛奶罐做成收捡方便的梅花桩，以增强幼儿下肢力量，锻炼身体平衡性。"占角"是传统民间游戏，原来的玩法是四人分别站在四个角落，一人站在中间发令，然后五个人一起跑动抢占四个角落，占到者为赢，反之为输，输者就站在中间当发令员，后来发展出占三角、占五角等，此游戏培养了幼儿的反应能力和奔跑能力。

图 6-14　挑小棒

图 6-15　梅花桩

图 6-16　占角

图 6-17　跳房子

活动目标

1. 和同伴一起游戏，体验游戏和合作的快乐，感受民间体育游戏的趣味性，并自觉遵守游戏规则。

2. 锻炼平衡性，练习快跑等基本动作，并锻炼手眼协调能力和手指小肌肉群的灵活性。

3. 熟悉游戏玩法，有序选区。

区域设计

1. 挑小棒

材料准备：木质或塑料小棒若干。

游戏玩法：2～3人为一组，通过猜拳决定挑棒的先后顺序。游戏开始，猜拳获胜的幼儿把小棒握在手心，然后洒在桌上，手拿一根棒，去挑桌上的棒，但不能碰到别的棒，碰了则算输。大家轮流游戏，直到桌上的棒被挑完后，数一数谁挑的棒最多，以数量多少决定胜负。

指导要点：提醒幼儿遵守游戏规则。引导幼儿观察挑哪根小棒不会碰到别的小棒。

2. 梅花桩

材料准备：旺仔牛奶罐做的梅花桩，将3个、4个、5个不同数量的易拉罐绑在一起制成梅花桩。

游戏玩法：玩法一：幼儿在大小不一的梅花桩上走动，保持身体的平衡。玩法二：梅花桩分成两队摆成S型，幼儿分成两组进行行走比赛。

指导要点：提醒幼儿用脚掌踩在梅花桩上，保持身体平衡。

3. 占角

材料准备：在地面画上不同形状的图形：三角形、四边形、五角形、多边行等。

游戏玩法：幼儿几人一组自由选择不同的图形，每组的人数比图形角的数量多一，如选择三角形，就需四人玩游戏。每个幼儿站在一个角上，图形中间站一名幼儿发令，然后五个人一起跑动抢占角落，占到者为赢，反之为输，输者就站在中间当发令员。

指导要点：提醒每个图形里的幼儿要等中间的人发出口令后才能跑动，大家要遵守游戏规则。

4. 跳房子

材料准备：在教室或走廊地上画出或粘贴出不同数量的格子做房子，沙包或瓶盖串若干。

游戏玩法：幼儿站在起跳处排队，将瓶盖串丢进数字"1"的格子里，然后依次将瓶盖串单脚踢到最后的格子（天堂）。跳的过程中另一只脚落地则犯规，不能再跳，只能等下一轮。单双脚轮流跳：把瓶盖串丢到最后的格子（天堂）里，从起点出发，一个格子时单脚跳，两间格子并排时则双脚跳，跳到最后一个格子拾起瓶盖串。

指导要点：瓶盖串不能踢出房子，注意把握踢瓶盖串的力度。

活动延伸

1. 把小棒、梅花桩、瓶盖串等放置在运动区域，幼儿自由活动时可自主拿取，和同伴一起游戏。

2. 鼓励家长和幼儿一起进行游戏，创新游戏的玩法。

3. 根据幼儿完成游戏的情况，可增加难度，如让幼儿在梅花桩上顶物保持平衡行进。

活动反思

这几个民间游戏材料轻便，趣味性强，玩法简单，适合在室内开展。因具有较强的竞技性，激发了幼儿的挑战欲望，幼儿对占角、挑小棒、跳房子游戏特别感兴趣，玩的兴致很高。但是在玩占角游戏时，有的幼儿总是没等听完指令就开始行动。老师发现了这个问题，及时以参与者的身份跟进指导，使游戏顺利进行。走梅花桩难度系数小，完成度高，老师及时调宽了梅花桩的间隔距离，并提供了一条条的彩纸做"尾巴"，让幼儿在梅花桩上抓"尾巴"，大大提高了幼儿游戏的兴趣，促使目标有效达成。"跳房子"的过程中，发现从头至尾一只脚跳，幼儿易疲劳，老师及时调整提醒幼儿：中途可以换另一只脚跳。

中班户外运动类区域活动

运球能手
扫码观看游戏视频

活动背景

　　相较于小班幼儿，中班幼儿耐力、运动能力、学习能力均有所增强，喜欢挑战、探索，愿意与人交流，喜欢在户外玩耍。根据中班幼儿的年龄特点，在户外运动区域中设计了"套圈"、"踢瓶盖串"、"运球能手"等需要一定技巧、耐力的游戏。"套圈"具有一定的技巧性，对手眼协调能力有一定要求。幼儿手持特定的圆圈型东西，站在指定的位置，扔出去，套中特定的物品即可据为己有。"踢瓶盖串"也叫"踢圈"，是对腿部力量有一定要求的游戏，它在锻炼腿部力量的同时，对技巧有一定的要求，容易激发幼儿的挑战欲及探索欲。"运球能手"是球类游戏的一种，球类运动是幼儿喜欢的运动。球类游戏的玩法多种多样，既可以单人玩，也可以双人玩，还可以开展各种群体活动。幼儿通过玩游戏发展了上肢力量，锻炼了协调性。

图 6-18　套圈

图 6-19 踢瓶盖串

图 6-20 运球能手

活动目标

1. 通过区域自选活动，感受自主游戏的乐趣，体验获得成功的自豪感。

2. 通过各种游戏，锻炼上下肢力量，增强身体的灵活性和手眼协调能力。

3. 学习套圈、运球和单脚跳的正确方法。

区域设计

1. 套圈

材料准备：长凳（6条）、不同动物玩偶（15个）、彩圈（20个）。

游戏玩法：用长凳将动物玩偶围起来。幼儿站在长凳外面，手持彩圈套场地中间的动物玩偶。

指导要点：单手持彩圈，双脚一前一后站立，瞄准玩偶套圈，注意把握丢圈的力度。

2. 踢瓶盖串

材料准备：用矿泉水瓶盖做成的瓶盖串若干，7个左右的瓶盖为一串。

游戏玩法：起点线与终点线相距5米，将装有瓶盖串的篮子放在起点，幼儿在起点线站好，听到裁判口哨声后，单脚踢瓶盖串从起点出发，看谁能最快将瓶盖串踢到终点。

指导要点：幼儿必须单脚踢瓶盖串往前走，过程中可以交换脚进行，但不能双脚同时着地。

3. 运球能手

材料准备：篮球（16个）、标志碟（8个）、猴子头饰（1个）。

游戏玩法：将标志碟按前后间隔1米的距离摆放成两竖列，把装有篮球的推车放在起点处。幼儿分成两队抱球选择一条路，并在起点排队，每次每队出发一人。一边运球一边绕过标志碟，在运球的过程中，有人喊"猴子来了"，扮演"猴子"的幼儿用手去拍打其他幼儿的篮球，所有的幼儿必须原地抱紧篮球，不能让"猴子"把球拍掉。

指导要点：引导幼儿单手运球，听指令后快速抱球。

活动延伸

1. 家长带幼儿在园外体验套圈游戏。

2. 在手工区中张贴制作瓶盖串的各种图片，引导幼儿学习制作各种瓶盖串。

3. 在日常户外游戏中可以多开展球类运动，如单人拍球、两人传球、多人抛接球等。

活动反思

"套圈"游戏在强调一定技巧的同时，对上肢力量也有一定的要求；"踢瓶盖串"主要强调腿部力量和运动技巧；"运球能手"则更加强调全身协调能力的培养。这三个民间传统体育游戏分别培养了幼儿的上肢力量、下肢力量、全身协调性和运动技能。幼儿带着好奇、探索的态度，愉快的情绪参与游戏，游戏中幼儿充分发挥自主性和主动性，所以参与游戏的持久性和兴趣度一直很高。尤其是"运球能手"游戏，很多幼儿一开始掌握不好运球技巧，很难一边运球一边绕过标志碟，但是他们并未放弃，通过观察、同伴互助、教师指导等方式学习运球技巧，多次练习直至成功，很好地培养了坚持不懈的品质。

大班室内运动类区域活动

活动背景

依据大班幼儿喜欢自主游戏和有挑战性的竞技类游戏的特点，在室内运动区域中设计了"打陀螺"、"挤油渣"等技巧性、合作性较强，运动量较大的游戏，以及锻炼手指小肌肉群灵活性和手眼协调能力的小游戏翻花绳。本区域选用的就是传统的木质陀螺，用鞭绳抽打使之旋转，锻炼幼儿手眼协调能力和手臂大肌肉群力量。"挤油渣"也叫挤加油，是经典的民间群体游戏，是一种适宜冬季玩耍的群体游戏。一群人靠墙根站好，从两头往中间挤，被挤出来的小伙伴出局。游戏时不用手，只用双腿和臂膀发力。挤油渣时既要把前边的人挤出去，又要防止被后边的人挤出，这就需要用巧力。"翻花绳"又叫"叉叉绳"，是中国民间流传的儿童游戏。在中国不同的地区，有不同的叫法，如线翻花、翻花鼓、挑绷绷、解股等。这是一种利用绳子玩的游戏，只需灵巧的手指，就可翻转出许多的花样，在锻炼幼儿手指小肌肉群的灵活性的同时，培养了幼儿的观察思考能力。"投壶"是从先秦延续至清末的汉民族传统礼仪活动和宴饮游戏，投壶礼源于射礼，古时是将箭投入壶中。在幼儿园可用小竹片、小木棍代替箭，锻炼幼儿的手眼协调能力，增强上肢力量。

图6-21 打陀螺

图 6-22　挤油渣

图 6-23　翻花绳

图 6-24　投壶

活动目标

1. 愿意与同伴一起游戏，在游戏过程中能够友好合作，自觉遵守游戏规则。

2. 锻炼身体的灵活性，增强上肢、下肢力量，提高手眼协调性和身体平衡性。

3. 学习"翻花绳"的多种方法，在"挤油渣"游戏中，探究不被同伴挤出队伍的方法。

区域设计

1. 打陀螺

材料准备：鞭绳、陀螺

游戏玩法：以鞭绳绕螺身，然后旋转放开，使陀螺着地旋转；或直接在地面转动陀螺，然后顺势用鞭绳连续抽打陀螺，使陀螺在地面上旋转。幼儿可单人玩，也可多人比赛玩：在规定时间里，谁的陀螺旋转得最久就算谁获胜。

指导要点：教师示范正确的持鞭姿势和抽打螺身的方法，幼儿根据自己的能力水平选择玩法。

2. 挤油渣

材料准备：一块空白平整的墙壁。

游戏玩法：一群幼儿靠墙根站好，从两头往中间挤，被挤出来的幼儿被淘汰，站在一边为伙伴加油，直到最后只剩5人左右，一轮游戏结束。游戏时不用手，只用双腿和臂膀发力。

指导重点：引导幼儿思考如何既把前边的人挤出去，又能避免被后边的人挤出，需要用巧力。

3. 翻花绳

材料准备：花绳若干

游戏玩法：幼儿两两面对面坐好，一名幼儿先将绳套在手指上，通过手指的穿插、交错、缠绕，使绳交织出各种形状，如降落伞、太阳、锯、鱼、天窗、面条、豆萁儿、牛槽、担架等，让另一名幼儿翻绳。如此交替进行。

指导重点：引导幼儿观察绳子的交叉点，用大拇指和食指挑起交叉点翻花绳。

4. 投壶

材料准备：小木棍、小竹棍或塑料箭若干，藤制小瓶或小竹筐若干。

游戏玩法：将小瓶或小竹筐放在离标志线3米左右的位置。幼儿每人每次手持3根竹棍（木棍、塑料箭）站在标志线上，将"箭"投入"壶"中，投中者为胜。

指导重点：引导幼儿瞄准，利用手臂带动手腕将箭投入壶中。

活动延伸

1. 在益智区中，张贴翻花绳的各种图片，引导幼儿观察学习翻花绳的多种方法。

2. 鼓励家长和幼儿在园外玩翻花绳、打陀螺、投壶等民间体育游戏。

3. 冬季更适合玩"挤油渣"游戏。

活动反思

幼儿在玩了运动量大的"挤油渣"、"打陀螺"等游戏后，教师及时引导幼儿改玩小型的体育游戏，如"翻花绳"、"投壶"。对于以上四类体育游戏幼儿参与度高，特别对于群体游戏"挤油渣"，幼儿参与热情高涨，被淘汰的幼儿也主动为同伴加油，能正确对待输赢。在游戏的过程中，有的幼儿很容易被挤出来，原因是方法不对，背部没有紧贴墙壁，双脚尽量和肩同宽才好使劲。女孩子更喜欢"翻花绳"游戏，教师很好地运用了同伴互助和教师示范的教学策略。

大班户外运动类区域活动

活动背景

大班户外运动类体育游戏有旱地龙舟、同手同脚、跳竹竿等。旱地龙舟、跳竹竿，除了技巧方面的要求，还需幼儿具有良好的合作意识。大班幼儿参与的旱地龙舟是利用长凳做龙

同手同脚　　　　跳竹竿

扫码观看游戏视频

舟，四名左右的幼儿坐在长凳上集体同时蹲跳前行，该游戏培养幼儿合作能力，并锻炼腿部大肌肉群。"同手同脚"是由经典的民间游戏"两人三足"演变而来，培养幼儿的合作能力，锻炼下肢大肌肉群。"跳竹竿"也叫竹竿舞，是佤族、黎族、苗族等少数民族特有的一种舞蹈形式，这个运动项目盛行于海南岛五指山区的乐东、东方、昌江、白沙等黎族自治县黎胞聚居地区，据考证已有数百年的历史。竹竿舞是：以平行摆开的两条腿一样粗细的方木作垫架，垫架上横放若干根手腕粗细的长竹竿，持竿者相对站立双手各执一根竹竿尾端，用竹竿与垫架、竹竿与竹竿碰击出有节奏的声音。在有节奏、有规律的碰击声里，跳舞者两人一队，在竹竿分合的瞬间既要敏捷地进退跳跃，又要潇洒自然地做各种优美的动作。本区域设置的"跳竹竿"道具和玩法基本与传统一样，只是针对幼儿的年龄特点降低了操作难度。

图 6-25　旱地龙舟

图 6-26　同手同脚

图 6-27　跳竹竿

活动目标

1. 敢于挑战自我，体验团队合作游戏的快乐和成就感。

2. 能根据自己的需求和水平选择区域活动，促进四肢大肌肉力量和手眼协调能力的发展。

3. 练习集体蹲跳前行、同手同脚、跳竹竿等基本技能，学习合作游戏的方法。

活动准备

1. 节奏轻快的热身和游戏音乐。

2. 区域游戏的材料准备。

区域设计

1. 旱地龙舟

材料准备：长凳（2条）、鼓（2面）、鼓槌（2个）。

游戏玩法：将长凳摆放在场地的起点，距起点10米处摆放鼓和鼓槌。将幼儿分成人数相等的两组（每组不超过5个人），幼儿前后相隔10厘米坐在长凳上，双腿在长凳两侧，齐心协力抬着长凳做划龙舟状蹲跳前行，先到的组敲响鼓则为胜。

指导要点：指导幼儿步调一致，同时起落蹲跳前行，引导幼儿向前直线蹲跳。

2. 同手同脚

材料准备：穿有松紧带的竹竿若干对。

游戏玩法：2~4人一组排成一纵队，每人两脚分别放入左、右两竹竿的松紧带内，双手扶住前一人腰部或搭于肩头，互相配合，协调一致地向前、向后或横向走，熟练后可几组进行比赛。

指导要点：安排一名幼儿喊口令，其他幼儿听口令同时出左脚或右脚。

3. 跳竹竿

材料准备：短竹竿（12根）、长竹竿（4根）。

游戏玩法：教师将两根长竹竿间距1米并排放好，再把6根短竹竿间隔相同距离垂直放在长竹竿上面，依次摆两排。6对幼儿分两队分别蹲下来随儿歌节奏以"开开合"的方式敲竹竿，其余幼儿在起点处排队依次跳过竹竿。

指导要点：敲竹竿的幼儿要同时使竹竿开合，并随儿歌节奏敲击竹竿。鼓励跳竹竿的幼儿克服心理恐惧，身体微侧，跟随儿歌节奏向前跳过竹竿。

活动延伸

1. "旱地龙舟"：在幼儿合作良好的基础上，可以让幼儿根据音乐或随鼓点的节奏一起蹲跳前行。"同手同脚"：幼儿熟悉后，可加快行进节奏，组织幼儿进行比赛。"跳竹竿"：幼儿熟悉后，可以两队幼儿搭肩同时按节奏向前跳。

2. 这三个游戏在亲子活动中都可以展开。

活动反思

这三种民间体育游戏都需要在掌握了一定的技巧的基础上才能玩耍。在游戏的过程中，有一些幼儿多次尝试未成功后有点畏难情绪，老师及时介入，以同伴的角色激发幼儿挑战的兴趣。在"旱地龙舟"的游戏中，由于节奏的不统一，幼儿蹲跳前行的速度和灵活性都不够，老师加上口令，帮助幼儿找到同时起落的节奏点，幼儿终于在与同伴的合作中完成游戏任务。在"跳竹竿"游戏中，教师观察到有幼儿总是被夹到脚，教师运用分解难点、由慢到快讲解示范的策略，使幼儿克服了畏难情绪和紧张感。在老师和幼儿的努力下，参与本区域的幼儿都掌握了跳竹竿的方法，并能配上简单的儿歌，达成了游戏目标。

第四节　幼儿园其他活动中的案例

幼儿园可以通过开展各种运动类民间传统游戏来组织户外活动和亲子活动。本节介绍一些徒手的民间体育游戏，组织形式自由、游戏规则简单，并配以传统的游戏童谣。在幼儿园的亲子运动会上，可以开展类似方便的、简单的运动类民间游戏以锻炼幼儿体质，增进亲子感情，扩大民间传统游戏的传播范围。

小班亲子运动游戏：小脚踩大脚

活动背景

扫码观看游戏视频

　　"小脚踩大脚"是传统的民间体育游戏。此游戏需要两人互相配合才能完成，一般是个子小的幼儿踩在个子大的幼儿脚背上往前走。此游戏更适合亲子进行，在亲子游戏中增强幼儿的臂力和合作能力，更增进亲子间的感情。

图 6-28　小脚踩大脚基本玩法

图 6-29　小脚踩大脚创新玩法

活动目标

1. 在亲子游戏中感受父母的爱，体验游戏的快乐，增进亲子感情。
2. 通过和父母的合作，锻炼臂力，提高身体的协调性。
3. 遵守游戏规则，知道合作好才能取得成功。

活动准备

　　宽敞的游戏场地、标志碟（做障碍物）。

活动过程

基本玩法：幼儿和家长面对面，双脚踩在家长双脚背上，家长抓住幼儿手腕站起点线预备，游戏开始，向终点前进，先到者为优胜。

游戏规则：幼儿必须踩在家长脚背上，不能着地，若掉下来要从起点处重新开始。

创新玩法1：设置障碍，绕障碍向终点走。

创新玩法2：父母并排，幼儿两只脚分别踩在父母的一只脚背上，父母拉着幼儿的手往前走，规则同基本玩法。

活动反思

整个活动在积极快乐的气氛中进行，充分调动了家长和幼儿游戏的兴趣，竞赛环节把游戏推向高潮。第一轮竞赛后，输了的那一组幼儿有点气馁，家长和教师及时分析原因：一是有的家长随意改变步伐节奏，使幼儿的脚落地，耽误了时间；二是有的家长只顾着往前走但是没有走直线。活动中引导幼儿正确对待输赢。

中班户外运动游戏：牵羊卖羊

活动背景

牵羊卖羊是民间广为流传的体育游戏，游戏中配有一问一答的儿歌，增加了游戏的情境性。游戏儿歌前两句由于各个地区的方言不同、地名不同而不同。游戏中幼儿必须听指令，并在游戏的过程中迅速调整自己的身体，锻炼了身体的灵活性和协调性，提高了躲闪能力和合作能力，培养了幼儿的任务意识和责任感。

图 6-30 牵羊卖羊

活动目标

1. 乐于参加群体游戏，感受群体游戏的乐趣。

2. 能听指令游戏，并迅速调整身体躲闪，提高身体的协调性和灵敏性。

3. 遵守游戏规则，熟知游戏玩法，知道在游戏中要紧紧跟着前面的小朋友。

活动准备

空旷的游戏场地。

活动过程

基本玩法：6~10人一组，一个人当买羊人，其余幼儿站成一路纵队，第一人做牵羊人，后面的人作"羊"，依次拉住前一个人的衣襟。游戏开始，牵羊人带着羊群边走边念"牵羊卖羊，卖到浏阳，老板哎，买羊不？"买羊人回答："买！我要买头羊"，牵羊人："头羊没有角。"买羊人："买二羊。"牵羊人："二羊没有脚。"买羊人："买三羊。"牵羊人："三羊四羊随你捉。"说完，牵羊人张开双臂尽量护住"羊群"，买羊人从不同方向捉"羊","羊群"随牵羊人左右躲闪,买羊人只能从队尾的最后一只"羊"捉起,不能从中间拦截。被捉住的"羊"站到场外。如果跑累了,牵羊人可以领"羊群"一起蹲下,买羊人不能捉蹲下的羊,捉到两三只"羊"或一段时间后,可更换角色重新开始。

创新玩法:幼儿围成圆圈,头羊和二羊在圈内蹲着,圈上的幼儿一边念儿歌一边按顺时针方向走动,保护头羊和二羊,两个买羊人在圈外走动,当念到最后一个字"捉"时,所有的幼儿在场地内奔跑,买羊人必须抓头羊和二羊,不能抓别的羊。头羊和二羊可以寻求保护,别的羊也可以主动保护头羊和二羊,头羊和二羊只要分别拉住了一只羊就算保护成功,站在原地不动,两只羊都被保护了或抓到一只羊,游戏结束。下一轮游戏头羊、二羊和两个买羊人交换角色进行。

活动延伸

划定区域,牵羊卖羊的人必须在线内躲闪,跑出线则为输,这样增加了游戏的难度,让游戏更富有挑战性。

活动反思

这种小型的群体游戏很受幼儿欢迎,符合中班及大班幼儿的年龄特点,幼儿能迅速进入角色,积极愉快地参与游戏。在游戏的过程中,当卖羊人的幼儿很有任务意识和责任感,努力躲避买羊人的抓捕,保护羊群。大部分幼儿能根据卖羊人身体和位置移动调整自己的动作,不脱离群体。但是在躲闪的过程中,幼儿的灵活性还有待加强。教师及时用同伴互助和观察模仿的教学策略,让躲闪得好的一组幼儿进行示范。在接下来的几轮游戏中,幼儿身体的灵活性加强了。此游戏中幼儿运动量较大,可以加上创新玩法,调整运动的强度。

中班亲子运动游戏：抬轿子

活动背景

"抬轿子"游戏是我国民间户外游戏的一种，因其具有较强的趣味性、娱乐性、实用性，深得人们的喜欢。而对于现在的幼儿来说，轿子是一种陌生的交通工具，只在电视、电影里见过。幼儿和家长合作进行抬轿子游戏，增进感情，体验亲子游戏的快乐。

活动目标

1. 增进亲子之间的情感交流，体验团队游戏的乐趣。
2. 能和自己的家长合作进行抬轿子活动，保持身体的平衡。
3. 了解游戏玩法，自觉遵守游戏规则。

活动准备

宽敞的场地。

活动过程

基本玩法：游戏前，以家庭为单位呈两列纵队站好，准备比赛。每组家庭父母半蹲，双手交叉紧握对方的手腕处"搭桥"，幼儿双腿张开坐在父母手腕上。父母步调一致向终点走去，将幼儿送到终点，然后返回到队伍，其后的家庭开始出发。比赛看哪组速度最快。

注意事项：在进行抬轿子比赛时，父母须步调一致。在游戏中进行接力时，需等待前一组家庭返回队伍后才可以出发。

活动延伸

可以在园内开展混龄幼儿的"抬花轿"活动。

活动反思

抬轿子是符合大班幼儿年龄层次的体育游戏，将它运用于中班亲子体育游戏活动中，有效地降低了游戏的难度。在活动中父母合作搭出"轿子"，幼儿坐"轿子"里玩游戏，家长搭得开心、幼儿玩得开心。在最后设计了请幼儿帮家长捶背、按摩的环节，让家长感受孩子的爱，增进了家长与孩子之间的情感交流。

整个活动的设计遵循了由易到难的教学原则，充分调动了幼儿参与活动的积极性，使孩子在玩中乐、玩中学，体验游戏的快乐，充分发挥了幼儿作为活动主体的作用。

在原活动的设计中我安排分两队进行游戏，有意识地安排幼儿等待，以培养幼儿的耐心，但在实践中发现幼儿等待的时间过长，到游戏结束时幼儿玩得不够尽兴，还想再玩，影响孩子进行充分的探索和体验。最后进行了调整，分成三队进行游戏。

大班户外运动游戏：老狼老狼几点了

活动背景

"老狼老狼几点了"是一种多人追逐游戏。游戏玩法简单、易懂，具有一定的娱乐性、情境性，使幼儿在发展动作的同时，提高应变能力和自控能力。

大班幼儿奔跑、躲闪能力加强了，身体的灵活性也进一步增强，通过游戏活动，引导幼儿认真听辨信号，灵活且迅速做出反应，发展运动能力。

图 6-31　老狼老狼几点了

活动目标

1. 体验和同伴户外活动的乐趣。
2. 能随机应变,练习四散快跑和躲闪跑。
3. 自觉遵守游戏规则,并根据语言信号调控身体动作。

活动准备

宽敞、平整的场地。

活动过程

基本玩法:一人扮演"大灰狼",其他幼儿扮演小动物。游戏开始时,扮演大灰狼的人背对其他幼儿慢慢往前走,其他扮演小动物的幼儿跟在"大灰狼"的后面,一边走一边问"大灰狼""老狼,老狼几点了?""大灰狼"回答1点—11点都可以。当"大灰狼"回答"12点"的时候,立即回过头来抓小动物,小动物们四散逃跑或选择蹲下来,"大灰狼"只能抓逃跑的人,被"大灰狼"抓住者,要暂时离开游戏。其他未被抓的幼儿重新开始下一轮游戏。

注意事项:当"大灰狼"发出"12点"信号时,小动物们才能四散逃跑或蹲下,不能提前。另外，在四散逃跑过程中要注意安全，避免碰撞。

创新玩法1：一人当"大灰狼"站在圈内，其他幼儿手拉手围成一个圆圈，按顺时针或逆时针方向边走边问"老狼老狼，几点了？"老狼回答"×点了。"围圈的幼儿按照老狼报出的时间点的数目，迅速抱在一起。没有组团抱在一起或抱团人数量不对的幼儿要暂停游戏一次。游戏反复进行，坚持到最后的人获胜。

创新玩法2：可有2~3个"大灰狼"，其他幼儿在躲闪跑的过程中，如果快被"大灰狼"抓住了，则迅速做"木头人"不动，奔跑着的同伴拍一下做"木头人"的同伴，则视为解救成功，"木头人"可以继续奔跑。

游戏儿歌

幼儿：老狼老狼，几点了？

大灰狼：×点了。

······

幼儿：老狼老狼，几点了？

大灰狼：12点了。天黑了。

活动反思

此游戏因情境性和趣味性强、规则简单，非常受幼儿喜爱。整个活动中，幼儿乐此不疲，达到了运动效果。为了调整幼儿的运动量，对玩法进行了适当调整，加入了"木头人"的环节，幼儿在奔跑的过程中可以稍作歇息，使运动更科学。创新玩法提高了幼儿与同伴合作的能力，培养了大班幼儿的任务意识。但是在奔跑的过程中，偶而出现了和同伴碰撞的情况，教师及时提醒和关注，避免了事故的发生。由此可见，体育活动中，安全永远是第一要素。传统的民间体育游戏经过玩法上的创新，可以焕发出新的魅力。

案例设计

思考以下运动游戏适合在幼儿园什么环节开展，并设计相应的活动案例，对该游戏进行创新。

游戏名称：我们都是木头人。

游戏目标：提高自我控制的能力。

游戏玩法：幼儿围在一起，念完最后一个字时做一个动作，如："平衡"状、"小猴"状等。其余幼儿迅速模仿并静止不动，学错动作或在需要静止不动时走动者为输。幼儿边拍手边念儿歌边自由走动，念到最后一个字时，静止不动，谁动了就出局。

注意事项：当念到最后一个字时就不能再动了。

儿歌：

山山山，山上有个木头人，三三三，三个好玩的木头人，不许说话不许动，还有一个不许笑。

第七章
幼儿园智力类民间传统游戏的案例

章前导读

　　古人推崇智慧类游戏，因为它具有高度的智慧内涵；从最经典的棋类游戏，如象棋、五子棋、围棋等游戏中可见一斑。智力类游戏可以调动幼儿的眼、耳、口、手、脑等多种器官，从而使注意力、记忆力、思维能力和语言能力等多种认知能力得到发展。本章根据各年龄段幼儿的特点，设计了一系列适合在晨间活动、集体教学活动、区域活动、户外活动等活动中玩的智力类游戏。

第一节 幼儿园晨间活动中的案例

晨间是孩子陆陆续续入园的时候，大型的集体游戏活动并不适合在此时开展，三三两两即可组成一个小队完成的游戏更加适合孩子们的需求。此小节中的智力类游戏宜静宜动，对场地没有特别要求。

小班智力游戏：白毛女

活动背景

"白毛女"故事起源于河北省晋察冀边区白毛仙姑的民间传说，与之相关的童谣在民间也广为流传。游戏中的童谣内容简洁易懂，押韵顺口，非常利于幼儿记忆，能帮助幼儿更好地参与游戏。

小班幼儿在与同伴交往与合作方面的能力较弱，通过"白毛女"的游戏，可以促进幼儿与同伴、与老师之间的交往、合作，增进幼幼、师幼之间的亲近感。同时，小班幼

图 7-1 白毛女

儿处于由直觉行动思维向具体形象思维发展的时期，游戏中涉及简单倍数的变化，便于幼儿积累关于数的生活经验，有利于幼儿的智力发展。

活动目标

1. 喜欢与同伴、成人合作游戏，体验参与游戏的快乐。
2. 学习游戏的玩法和规则，理解和背诵童谣的内容。
3. 能够一边念童谣一边牵手绕圈转，遵守游戏规则。

活动准备

经验准备：幼儿了解《白毛女》的故事，学习《白毛女》童谣。

场地准备：在教室或室外选择一片空地，师幼围圆圈坐下来。

活动过程

1. 复习童谣。教师引导幼儿复习童谣《白毛女》，师幼一起有节奏地念童谣。

2. 教师讲解示范游戏的玩法，交代游戏的规则，师幼一起边念童谣边游戏。

基本玩法：选一名幼儿扮演"白毛女"，捂着眼睛蹲在圆圈中间，其他幼儿边说童谣边牵着手转圈："刮大风，下大雨，里面有个白毛女，不是他（她）就是你。"当说到"就是你"时，"白毛女"手指着前方，幼儿尽量不让自己被指到，若被指到则该幼儿成为"白毛女"，游戏重新开始。

注意事项："白毛女"指的时候须闭着眼睛。

创新玩法1：可以请两名或更多幼儿来扮演"白毛女"，被指到的幼儿扮演"白毛女"，替换之前扮演"白毛女"的幼儿。

创新玩法2：当参与游戏的人数很多时，第一次游戏选择一名幼儿扮演白毛女，被指的幼儿变成"白毛女"进入圈中，"白毛女"变成两位，以此类推，二变四,四变八，直至圈外没有幼儿了，游戏结束。

3. 游戏结束，教师总结。

活动反思

　　该游戏童谣简单有趣，蕴含了我国经典民间故事《白毛女》的情节，有利于丰富幼儿的社会知识。创新的多种玩法，让游戏的难度层层递进，幼儿可以在熟悉基础玩法之后根据实际情况提高游戏的难度，让幼儿感受到挑战，锻炼其反应能力。

　　同时，这项游戏能促进幼儿动作灵敏性、协调性的发展，提高幼儿的反应能力。譬如在游戏中，需要边念童谣边转圈，在念到"就是你"的同时，所有幼儿需要在有秩序的情况下尽量快速躲闪，避免被指到。这一过程充满紧张刺激感，需要幼儿能够集中注意力。多次游戏之后，幼儿参与游戏时会更加熟练和专注，反应更快，也能较好地遵守游戏规则。

　　这项游戏还能增进师幼、幼幼之间的情感。游戏中，参与游戏者需要一起手牵手合作游戏，这是幼儿之间、师幼之间增进感情的好机会。同时，随着游戏难度渐渐加大，幼儿不断学习游戏的玩法与规则，挑战更大的难度，增强了自信心。

童谣《白毛女》

　　　刮大风、下大雨，
　　　里面有个白毛女，
　　　不是他（她）就是你。

小班智力游戏：猜拳乐

扫码观看游戏视频

活动背景

　　猜拳游戏在民间蓬勃发展，形成了多样的猜拳形式，例如：人们常玩的"石头剪刀布"、"蜜蜂"、"虎棒鸡虫令"，等等。

　　小班幼儿已经开始有和同伴一起游戏的意愿，猜拳游戏玩法和规则简单，容易掌握。猜拳游戏充满不确定，可以帮助小班幼儿提高其反应能力、判断能力，发展其智力。

图 7-2 猜拳乐基本玩法

图 7-3 猜拳乐创新玩法1

图 7-4 猜拳乐创新玩法2

活动目标

1. 喜欢和同伴一起玩猜拳的游戏，体验合作游戏的乐趣。
2. 学习念儿歌，掌握猜拳游戏的玩法。
3. 能够友好地与同伴游戏，遵守游戏的规则。

活动准备

掌握"石头剪刀布"的输赢规则。

活动过程

1. 学习儿歌。师幼共同有节奏地边念儿歌边做手部动作。

2. 教师示范讲解游戏的玩法和规则。

基本玩法：幼儿面对面坐着，边念儿歌边出拳（石头、剪刀、布），当念道："妈妈叫我收一拳"时，双方任意收回一只手，留下的手出拳定输赢。赢者在输者手臂上边做动作边念："妈妈说切三刀"：作切菜状。"爸爸说捏肥肉"：捏手臂。"奶奶说跟我走"：作拉扯状。"爷爷说小滑头"：用食指点脑袋。游戏可反复进行。

游戏规则：出拳时双方同时出，不能延迟出拳。惩罚时，必须边念儿歌边做动作。

创新玩法1：两名幼儿站在同一起点线，用脚来玩"石头剪刀布"游戏。双脚并拢是"石头"，双脚左右打开是"布"，双脚前后打开是"剪刀"。胜者向前跨一步，最先到终点的赢。

创新玩法2：幼儿面对面站立，边念儿歌边出拳。"两只小蜜蜂呀，飞到花丛中呀，飞呀！"猜赢的一方就做打人耳光状，左一下，右一下，同时口中发出"啪、啪"两声，输方则要顺手势摇头，作挨打状，口喊"啊、啊"；如果打平手了，就要做出亲亲状。出错则要接受惩罚。

活动延伸

幼儿可在一日活动中的过渡环节和同伴一起玩这项游戏。教师可引导幼儿主动邀请同伴游戏，促进幼儿之间的交流。

活动反思

"石头剪刀布"是一个非常传统的游戏，也是孩子们非常喜欢玩的游戏。在游戏的过程中，孩子们知道如何用手来表现"石头"、"剪刀"和"布"，但是它们之间的关系是怎样的，有的孩子常常搞不清楚。所以，在几轮游戏之后，我集中地给孩子们解释了这三者之间的关系。孩子们只有理解了关系，才能更好地去玩这项游戏。

活动中，我还让孩子们尝试用脚来玩"石头剪刀布"的游戏。我告诉孩子们："这个游戏还可以用脚来玩，用脚的话该怎样表示呢？"于是，孩子们纷纷提出了自己的想法，用脚来表现石头、剪刀和布，孩子们的参与积极性特别高。但是，小班孩子有个明显的特征，他们喜欢模仿大人的动作，当念好"石头剪刀布"后，孩子要定格一个动作，但是一看周围伙伴或是老师的动作，她会马上进行模仿。于是针对这个现象，我告诉孩子"定格"一个动作后不能再变。

儿歌一：左一拳，右一拳，妈妈叫我收一拳。妈妈说切三刀，爸爸说捏肥肉，奶奶说跟我走，爷爷说小滑头。

儿歌二：两只小蜜蜂呀，飞到花丛中呀，飞呀……飞呀……

中班智力游戏：盲人摸象

活动背景　　　　　　　　　　　　　　　　　　扫码观看游戏视频

"盲人摸象"不仅是一个经典的成语故事，也是常见的民间游戏之一，其起源已无法追溯，在全国各地皆很流行，只是游戏叫法和玩法略有不同，但都大同小异，皆是让一名幼儿蒙上双眼扮演盲人，然后去摸其他人。这项游戏，需要参与者有勇气，有信心，考验了幼儿的听力、反应能力、记忆能力、平衡能力，等等，还可以让幼儿感受盲人的不易。

图 7-5　盲人摸象基本玩法

图 7-6　盲人摸象创新玩法

中班幼儿动作灵活、控制能力明显增强，因此适合玩扮演"盲人"的游戏。同时中班幼儿对班级的同伴都比较了解，有助于游戏顺利开展。

活动目标

1. 愿意扮演"盲人"，体验游戏过程中的紧张感、刺激感。
2. 能够根据自己摸到的外形特征，大胆猜测摸到的同伴的姓名。
3. 学会观察并记住同伴的外貌特征，了解游戏的规则和玩法。

活动准备

经验准备：了解《盲人摸象》的故事。

材料准备：能蒙住眼睛的手绢或眼罩一个。

场地准备：选择室内或室外一片空地，画一个圆圈（大小可视情况而定）。

活动过程

1. 教师组织幼儿围圈站好，出示手绢（或眼罩），引出游戏内容。

师：这是一个手绢（眼罩），可以用来做什么呢？（蒙住眼睛）

今天我们要用它来玩一个游戏，名字叫作：盲人摸象。

2. 教师示范讲解游戏规则与玩法。

基本玩法：根据"石头剪刀布"选出胜者，胜者扮演"盲人"，用手绢（眼罩）蒙住其眼睛，其他幼儿扮演"大象"。其余幼儿在指定的范围内躲起来，当"盲人"数完5声之后，躲的孩子不能再移动。当"盲人"摸到一个人时，通过触摸对方来判断被摸的人是谁，猜对则两人角色互换，猜错则继续扮演"盲人"，游戏继续。

注意事项："盲人"有3次猜测的机会，且只能摸，不能挠对方痒痒，"大象"不要发出声音，其他幼儿不能透露"大象"的信息。

创新玩法1：在玩游戏之前，幼儿想好自己想要扮演的动物的造型，"盲人"在数完5声之后开始摸，通过摸造型来判断对方扮演的是哪一种动物，猜出正确的动物名称则角色互换，猜错继续扮演"盲人"，游戏继续。

创新玩法2："大象"在圆圈内自由走动，盲人发布口令"今天盲人来摸象"，说到"象"字，所有幼儿站在原地不动，"盲人"选择一个小朋友摸，然后说："请你学学小狗（小猫……）叫"，被摸到的小朋友说："汪汪"，盲人来猜小朋友的名字。猜对则角色互换，猜错继续扮演"盲人"，游戏继续。

3. 幼儿游戏，教师在旁观察指导。

4. 游戏结束，教师总结。

活动延伸

可以在户外活动时间与同伴一起玩"盲人摸象"游戏，也可以回家后与身边的小伙伴一起玩耍，但是玩耍过程中，教师或家长需要特别注意扮演"盲人"的幼儿的安全。

活动反思

为了更好地让幼儿了解游戏规则，同时掌握更多的经典故事内容，我在玩游戏之前带着孩子们看了《盲人摸象》的故事，孩子们非常喜欢这个故事，因此教师在示范游戏玩法和规则时也容易了很多。在玩游戏的过程中，扮演"盲人"的孩子刚开始时会有点害怕，一直摸不到同伴，于是我便将游戏场地范围缩小。老师在组织这个游戏时，可以根据具体的情况调整游戏的难度，在孩子们熟悉游戏之后，教师尽量退出，让他们自己玩，甚至让他们自己制定游戏的规则。

此外，这项游戏还非常考验幼儿的观察能力和记忆能力，判断被摸的同伴是谁的确有些难度，教师根据当时的具体情况适当地提醒，以免幼儿太过疲累。这个游戏让班上的孩子增进了了解，师幼、幼幼之间的关系也更加紧密融洽。

中班智力游戏：捉单捉双

活 动 背 景

　　捉单捉双，是一项民间集体游戏，它集运动和智力考验于一体。其游戏起源已无法追溯，但是在各地都很流行。中班幼儿处于身体、心理迅速发展的时期，捉单捉双的游戏不仅有助于幼儿身体动作的发展，还能促进其应变能力的提高。

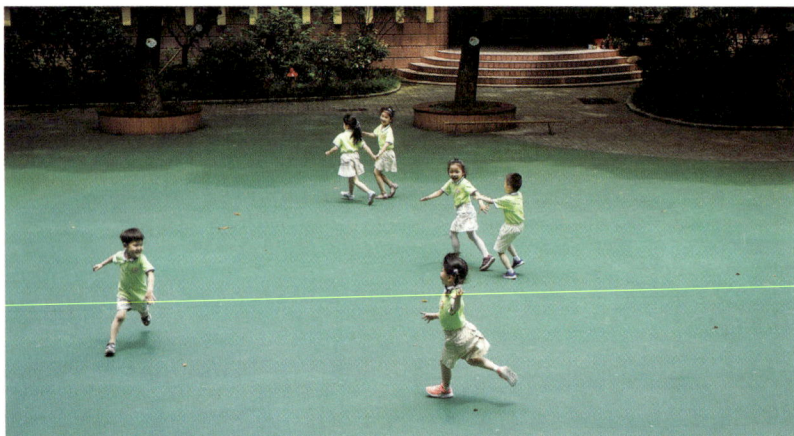

图 7-7　捉单捉双

活 动 目 标

1. 喜欢和同伴一起玩游戏，体验合作游戏的乐趣。
2. 巩固对单数、双数的认识，掌握游戏的玩法和规则。
3. 能够根据口令快速做出反应，游戏过程中会保护自己。

活 动 准 备

彩圈若干，空旷的场地。

活 动 过 程

1. 教师带领幼儿进行全身的热身活动，主要活动腿部。

2. 介绍游戏的玩法和规则。

基本玩法：分配角色，教师当发口令的人。游戏开始时先念儿歌，当发令人说"捉单"时，幼儿必须组成双数跑（手拉手），当说"捉双"时，幼儿必须单个跑或组成单数跑。

游戏规则：被捉的幼儿站在指定的地方，听清楚口令再行动，否则算被捉到。

创新玩法1：指定一个活动区域，双数跑人数只能是2、4，单数跑人数只能是3、5。游戏开始时先念儿歌，当发令人说"捉单"时，幼儿必须组成双数跑（手拉手），当说"捉双"时，幼儿必须组成单数跑。若被捉到则要接受"惩罚"，在其他幼儿面前表演自选节目。

创新玩法2：在空旷区域内放置许多大型的彩圈，游戏开始时先念儿歌，当发令人说"捉单"时，幼儿必须组成双数站在圈内，当说"捉双"时，幼儿必须组成单数站在圈内。没有走进圈内且被抓到就算输。

3. 游戏结束，教师组织幼儿放松休息。

活动延伸 ·········

教师可将游戏融入数学活动中进行，帮助幼儿巩固单数、双数的概念。

活动反思 ·········

这项游戏玩起来虽然简单，一个人来捉，其他孩子们四散跑，比较类似于抱团游戏。但是，孩子们玩这个游戏需要更多的思考，对单数、双数掌握不准确就容易被捉住。

在进行这项游戏之前，教师必须先让孩子们了解什么是单数、什么是双数，这是最基础的准备。其次，在正式游戏时，教师可以适当地加入孩子们比较感兴趣的游戏情景，例如：捉的人可以扮演"大灰狼"，其他人扮演"小羊"，或者捉的人扮演"大鲨鱼"，其他幼儿扮演"小鱼"，等等，这样的游戏情景可以激发幼儿的参与热情，使游戏更加有趣。

儿歌

一三五七九、二四六八十，大家都来玩，提单不提双，提双不提单。

大班智力游戏：数青蛙

活动背景

青蛙是幼儿非常熟悉的一种小动物。数青蛙游戏涉及数学里面的倍数知识，数的概念融合在游戏中，有助于提高幼儿的反应能力，巩固数的相关知识，发展幼儿的智能。

大班幼儿对加减法已经有了一定的了解，他们学习速度快，接受新知识的能力强，并且对数字感兴趣。与同伴合作游戏，会帮助他们积累关于倍数的直接经验，锻炼其思维能力，提高应变能力。

图 7-8　数青蛙

活动目标

1. 愿意和同伴一起玩数青蛙的游戏，体验游戏带来的紧张感和成就感。

2. 学习10以内的加法，掌握游戏的玩法。

3. 能够快速地做出反应，遵守游戏的规则。

活动准备

空旷的场地。

活动过程

1. 创设游戏情景，激发幼儿的游戏兴趣。

2. 教师介绍游戏的玩法和规则。

基本玩法：多名幼儿围坐在一起。甲开始说"1只青蛙1张嘴"，乙说"2只眼睛4条腿"。丙说"扑通扑通跳下水"。丁说"2只青蛙……"依次进行下来，一直说到5只青蛙。

游戏规则：停顿时间不能过长，否则就要接受惩罚表演节目，并退出游戏，坚持到最后的幼儿即获胜。

创新玩法1：多名幼儿围坐在一起。幼儿A开始说："1只青蛙1张嘴"，幼儿B说："2只眼睛4条腿"，幼儿C说："扑通扑通跳下水"，幼儿D：扑通（如果是两只青蛙，则需要两人连续说"扑通"、"扑通"，依次类推）。

创新玩法2：多名幼儿围坐在一起，一边说一边做动作，当轮到幼儿说"扑通"时，幼儿必须蹲下，并且嘴巴不能发出声音。游戏速度可以适当加快。

3. 游戏结束，教师总结评价。

活动延伸

教师可带领幼儿在美工区制作青蛙头饰，用于下一次的游戏中。

活动反思

为了让游戏能够顺利地开展，结合大主题活动《可爱的动物》，游戏前教师先带着孩子们了解了青蛙这种动物。教师专门组织了一个综合活动，让幼儿了解青蛙的外形特征、生活习性，并且学习了《数青蛙》这首歌。当教师要带着孩子们玩数青蛙的游戏时，孩子们的兴趣很浓。

这项游戏非常考验孩子们的记忆能力、注意力和应变能力，在刚开始组织活动时，由于没有考虑到孩子的掌握情况，游戏进行得很不顺利，因为孩子们记不住数量而迫使游戏停止。因此，教师降低了游戏的难度，从5以内的青蛙数量开始，慢慢地孩子们掌握之后，逐渐增加青蛙的数量。到最后将数量增加到15只，孩子们依然可以胜任游戏。所以，教师在组织游戏活动时，要注意根据班级孩子的实际情况进行相应的调整。

第二节　幼儿园教学活动中的案例

小班健康活动：点五官

活动背景

《幼儿园教育指导纲要（试行）》中指出："幼儿园必须把保护幼儿生命，促进幼儿健康放在工作的首位。"小班幼儿的生活经验少，自我保护意识不强，平时生活中不注意保护自己的五官，常常会出现将小物品塞进鼻子、耳朵的情况，长时间看电视，用脏手揉眼睛，不注意漱口、刷牙，这些行为都会给幼儿的身体带来很多的危害。民间游戏《点五官》不仅能激发幼儿的学习兴趣，而且通过观察、讨论，幼儿学到一些简单的保护五官的方法。

图 7-9　点五官

活动目标

1. 了解自己五官的外形特征。

2. 巩固对五官的认识，边念儿歌边做动作。

3. 能够快速地做出反应，懂得保护自己的五官。

活动准备

镜子若干，五官图片若干，五官拼图。

活动过程

1. 通过游戏《点五官》，巩固对眉毛、眼睛、耳朵、鼻子和嘴巴的认识。

（1）师：今天老师想和小朋友一起来玩一个关于五官的游戏，你们想玩吗？

（2）介绍游戏的玩法和规则。

两人一组，说儿歌点手心，当听到五官的名称时即点对方对应的五官。游戏时可随幼儿对游戏的熟悉程度的增加而加快游戏速度。

儿歌：点点窝窝，注意多多。点鼻子（眼睛、耳朵……）

2. 看一看，说一说：了解五官的功能。

（1）教师出示镜子，让孩子们用镜子观察自己的五官。

（2）师：你们知道我们的五官有什么作用吗？请幼儿自由表达自己的看法。

（3）师小结。

3. 观察图片，引导幼儿知道要保护自己的五官。

（1）提问：图片上有谁？他们在干什么？他为什么肚子痛？（因为吃了不干净的东西，所以肚子痛了。）

（2）出示其他的图片，告知幼儿要保护自己的眼睛、鼻子和耳朵。

4. 活动结束，教师总结评价。

活动延伸

教师可在班级的墙面上粘贴一些保护五官的图片提醒幼儿，平时在一些活动中强调如何正确地保护眼睛、鼻子、嘴巴和耳朵。

活动评析

在小班阶段，养成良好的生活习惯是非常重要的。本次活动将民间游戏《点五官》融入集体教学活动中去，激发了幼儿的学习兴趣。游戏的玩法简单，儿歌短小精悍，生动有趣，幼儿两两游戏，快速进入活动的状态。

教师采用游戏法导入活动，然后通过游戏引出活动主题：五官。在活动中，教师提供镜子让幼儿观察自己的五官是非常好的一种方法，我们的五官我们都清楚，但是却很少仔细观察它们，用镜子观察的方法让幼儿对游戏内容更加产生共鸣。同时，由于小班活动时间有限，对于五官保护方法的讨论有些简单、匆忙，建议老师们在活动之后，有针对性地对五官的保护方法进行详细的介绍。例如：组织专门的教育教学活动，在区域中投放相应的图片，在其他活动中进行渗透教育，等等。

中班科学活动：有趣的手影

活动背景

手影是杭州民间传统儿童游戏，《都城纪胜》记杭州瓦舍众伎"杂手艺"中就有"手影戏"一项。手影戏不要复杂设备，只要一烛或一灯，甚至一轮明月，就可以展开巧思，通过手势的变化，创造出种种物的形象，因手影主要是做给儿童看，儿童喜爱动物，于是兔子、狗、猫等就成了手影主要的表现对象。"像不像，三分样"，通过形似的手影游戏，可以启发儿童的联想思维。

随着身心的发展，中班幼儿对周围的生活更加熟悉，好奇心与求知欲也很强，他们会不停地看、听、摸、动，积极地用感官去感知、探索身边的事物。手影涉及光学原理，这项游戏不仅可以发展幼儿想象力，还可以帮其积累关于光传播的直接经验。

图 7-10　手影：啄木鸟

图 7-11　手影：大雁

图 7-12　手影：螃蟹

活动目标 ··

1. 喜欢玩手影游戏，感受手影游戏的奇妙与乐趣。

2. 学习几种常见动物的手影造型，知道玩手影游戏需要光源。

3. 通过尝试与探索，大胆表现自己的手影作品。

活动准备 ··

常见手影造型的图片若干，手影戏《逗趣》视频，大手电筒1只。

活 动 过 程 ··

1. 以谜语的形式引出"手",激发幼儿的学习兴趣。

（1）谜面：五个兄弟，生在一起，有骨有肉，长短不齐。（打一人体器官）

（2）师：小手可以用来做什么？

小结：我们的小手本领大，可以做很多事情，例如：吃饭、写字、穿衣、画画，等等。今天老师要告诉大家手的另外一个作用：玩手影戏。

2. 欣赏手影戏《逗趣》，感知手影的特点。

（1）播放视频，感受手影戏的独特魅力。

师：小朋友们，你们刚刚看到了什么？你们知道这些手影是怎么形成的吗？

小结：这是手影戏，名字叫《逗趣》。当光无法穿透不透明的手时，就会在手的后面形成一道影子，就是手影了。我们可以通过做不同的手部动作，让留在手后面的影子不一样哦。

（2）了解生活中的影子，进一步加深对影子的理解。

师：请小朋友们想一想，除了手会有影子，生活中还有什么有影子？

（3）教师播放图片，丰富幼儿对各种影子的认识。

师：在我们的生活中只要有光源就会产生影子。小朋友，接下来你们想不想也来学一学好玩的手影游戏呢？

3. 幼儿学习常见的手影造型动作，感受手影游戏的奇妙与多变。

（1）教师出示啄木鸟、大雁、螃蟹等动物的手影图片，引导幼儿学习手部造型。

（2）教师出示大光源电筒，让幼儿尝试在电筒前面做出手影造型。

4. 鼓励幼儿自主探索，做自己喜欢的手影造型。

（1）师：小朋友们的小手真能干，你们还可以做出不同的手影造型吗？

（2）教师梳理幼儿的手影造型并展示。

5. 活动结束。

师：小朋友，手影游戏好玩吗？今天外面的阳光真好呀，我们一起到太阳底下去玩一玩这好玩的手影游戏吧！

活动延伸 ....

1. 教师将大光源电筒投放在科学区,让幼儿在区域活动时和同伴一起玩手影表演的游戏。

2. 回家后,利用晚上的时间和家长一起玩手影游戏。

活动评析 ....

1. 手影戏是一种独特的艺术形式,属于杂技中的新品种。手影不仅有趣好玩,还蕴含了一定的科学知识,非常适合中班幼儿爱探索、好奇心强的特点。通过活动中的尝试、探索,帮助幼儿更加深入地了解这门艺术,同时还能积累与光传播有关的生活经验,有助于幼儿以后的学习。

2. 在活动中,教师利用谜语导入活动,幼儿的兴趣马上被激发。通过谜语引出"手",通过"手"引出"手影",就这样层层递进地将活动内容慢慢呈现出来。同时,教学的方式丰富多彩,灵活多变。活动中教师采用了观察法、操作法、多媒体教学法、讲解法等多种方法,帮助幼儿了解手影,介绍影子形成的原因。活动中的举例贴近幼儿的生活,调动幼儿的生活经验来感知周围环境是非常好的方法,充分调动了幼儿的听觉、触觉、视觉等,整个活动流畅,活动目标的达成效果较好。

3. 建议:活动中的几个手影造型相对来说不难学习,教师在组织活动时,可以让幼儿将学到的几个手影造型运用到手影戏表演中去,这样可以更好地让幼儿体验手影戏的魅力。

大班民间游戏:翻花绳

扫码观看游戏视频

活动背景 ....

翻花绳是一项非常经典的民间智力游戏,在全国各地都很流行,其叫法各地不同:翻交交、翻线、线戏、解绷绳、翻撑,等等,世界不少国家和民族均有这种游戏流传。

这种游戏可以一人玩，也可以两人或多人玩，只需要一根小小的线，经过手指的勾、挑、套等精细动作便能产生多种有趣的图形。

大班幼儿的手部肌肉运动比较协调，手指完成精细动作的能力也逐步增强，他们可以进行拼图、穿针、引线等比较精细的活动。幼儿手部的动作越精细、越复杂，越能够促进脑神经的发育，幼儿的创造力就会越强。翻花绳游戏在锻炼手部动作的同时还能锻炼大脑，教师需引导幼儿观察生活中的物体，引导幼儿翻出各种不同的图案，体验民间游戏的快乐。

图 7-13　翻花绳

活 动 目 标

1. 喜欢玩翻花绳的游戏，体验翻绳带来的喜悦。
2. 运用勾、套、翻等技巧将绳子翻出各种各样的图形。
3. 能读懂基本的示范图例，并顺利进行翻花绳的游戏。

活 动 准 备

PPT课件《翻花绳》、绳子若干（保证每名幼儿一根）、视频《双人翻花绳》。

活动过程

1. 以谜语导入活动，激发幼儿的学习兴趣。

谜面：两颗小树十个叉，不长叶子不开花；能写会算还会画，天天干活不说话。

师：谜语的谜底就是：手。今天老师要带着大家用小手一起玩一个游戏。

2. 出示绳子，引导幼儿欣赏各种翻绳作品。

（1）师：这是老师今天为大家准备的绳子。绳子可以做什么？

（2）幼儿自由讲述，教师引出翻花绳游戏。

师：绳子有很多用途，今天要给小朋友们分享一个很好玩的游戏，叫作"翻花绳"。

（3）出示PPT课件，引导幼儿欣赏翻花绳作品：降落伞、五角星、扇子等。

师：你们看，这些都是用绳子翻出来的图案，它们像什么？你们想学吗？

3. 教师一边引导幼儿观看图例，一边示范讲解翻花绳的玩法。

（1）教师示范讲解降落伞的翻法。

（2）幼儿根据示范图学习翻降落伞，教师巡回指导。

师：来，大家自己尝试一下，看看谁第一个翻出降落伞哦。

（3）教师可以请学会的小朋友教不会的小伙伴翻绳。

（4）依次出示五角星、扇子的示范图例，引导幼儿继续尝试根据教师的示范讲解和图例学习，翻出不同的图案。

师：我这里还有翻出五角星和扇子的方法哦，我们一起继续翻一翻。

4. 幼儿自由练习翻花绳，教师在旁观察指导，并展示幼儿的作品。

5. 继续播放PPT课件，出示两人玩的翻花绳作品。

（1）师：刚刚出示的翻花绳作品都是一个人玩的游戏，我这里还有更有难度的作品，你们想挑战一下吗？

（2）播放视频《双人翻花绳》，幼儿根据视频分步学习。

6. 游戏结束，教师总结评价。

师：今天大家学翻花绳学得特别快，每个人都是小巧手呢！翻花绳是老师小时候非常喜欢玩的一种游戏，可以让我们的手变得更加灵活，也能让我们变得更加聪明。以后我们就可以和身边的小伙伴一起玩这个游戏啦！

活动延伸

1. 将翻花绳的操作步骤图黏贴在益智区，并将绳子投放在此区域中，幼儿可以在区域活动时间，或者一日活动中的过渡时间自己按照图示学习翻花绳。

2. 教师启发幼儿在家与父母一起玩翻花绳的游戏，同时还可以找不同材质的绳子作为翻花绳的材料，探究哪种绳子最适合玩翻花绳游戏。

活动评析

1. 翻花绳游戏主要是依靠手指来操作，每一种图案都需要手指完成撑、压、挑、翻、勾、放等精细的动作，既需要每根手指巧妙地分工，又需要左右手协调一致。对于大班幼儿来说，手指的精细动作得到很大的发展。此项游戏不仅可以在游戏中促进幼儿手指精细动作的发展，幼儿积极开动脑筋翻花绳的过程也促进了其智力的发展，翻出来的各种生动有趣的图案，贴近幼儿生活，让幼儿在快乐中成长。

2. 活动中教师能够由易到难，层层递进地指导幼儿学习翻花绳，引导幼儿根据图例学习，充分调动了幼儿的积极性。活动以谜语导入，激发幼儿的兴趣，而且活动过程中示范讲解到位，从简单的单手翻花绳到最后的双人翻花绳，充分尊重了幼儿的学习特点，让整个活动顺利流畅。同时，在活动过程中，教师能够照顾到个别能力较差的幼儿，有针对性地进行指导。请已经学会的幼儿帮助不会的幼儿，形成了互帮互助的好气氛。幼儿不仅体验到翻花绳的成就感，还能体会到帮助别人的那种喜悦，有利于增强幼儿的自信心、自豪感。

大班科学活动：陀螺转转转

活动背景

打陀螺，是在各地民间非常流行的一项运动游戏。陀螺起源很早，但这个名词直至明朝才正式出现。当时的刘侗、于奕正合撰的《帝京景物略》一书中，就提到一首民谣：杨柳儿青，放空钟；杨柳儿活，抽陀螺；杨柳儿死，踢毽子……

陀螺虽然是一种制作容易、玩法简单的小玩具，但其中却包含着力学、光学等方面的科学道理。大班幼儿对身边的事物具有很强的好奇心和探究欲，虽然现阶段他们很难理解这些深奥的科学道理，但是可引导幼儿了解陀螺的转动现象，让幼儿尝试根据陀螺转动的原理自己设计、制作陀螺玩具；提高其解决问题的能力，培养良好的思维习惯。

图 7-14 陀螺转转转

活动目标 ·

1. 感知陀螺旋转的现象。
2. 探索让陀螺转动起来的技巧，体验游戏带来的快乐。
3. 能在探索中发现问题、解决问题，积累有关陀螺转动的经验。

活动准备 ·

经验准备：幼儿知道陀螺，有玩陀螺的经验。

材料准备：视频《打陀螺》，不同类型的陀螺若干，探究材料：正方形、圆形、三角形的硬纸板若干，牙签若干，纸板、KT板若干。

活动过程 ·

1. 教师播放《打陀螺》的视频，激发幼儿的兴趣。

（1）师：视频中的人在做什么？你知道他玩的是什么吗？

（2）师：陀螺是我们中国人发明的，至今已有四千年的历史了。我们的祖先真聪明、真棒啊！那你们知道陀螺怎么玩吗？你见过的陀螺是什么样子的？

鼓励幼儿大胆讲述自己对陀螺的认识。

2. 玩一玩，让陀螺转起来。

（1）教师提出问题，幼儿分组探索、观察。

探索问题一：陀螺在哪个地方转得更快更好？

教师给孩子提供KT板和纸板，分别让孩子在KT板、纸板、桌面和地面玩陀螺，探索发现陀螺在什么样的地方更加容易转动起来？

探索问题二：怎样让陀螺转得又稳、时间又长？

教师给幼儿提供各种陀螺，让幼儿自己转一转、玩一玩，从中找到答案。

（2）幼儿玩转陀螺，教师巡回观察并指导。

（3）讨论交流：你是怎样让陀螺转起来的？在哪个地方陀螺更加容易转起来？

（4）教师小结：在光滑的地面或者桌面上更加容易让陀螺转起来。在转陀螺时，拿稳放平陀螺，平稳用力不能偏，陀螺才能转得稳。陀螺旋转时间的长短和力气大小有关系。用力大，转的时间久；用力小，转的时间相对短一些。

3. 比一比：开展转陀螺比赛。

幼儿自由结伴进行转陀螺比赛，看看谁的陀螺转的时间最久。

4. 做一做：自己制作陀螺，观察不同形状的陀螺旋转时在视觉上产生的形状变化。

（1）出示探究材料：每人一份材料，即三角形、正方形、圆形的纸板，牙签若干。

师：今天我们准备了不同形状的制作材料，看一看有哪些形状？（正方形、三角形、圆形）你能用这些材料制作陀螺，然后让这些陀螺转起来吗？

（2）制作陀螺：教师引导幼儿将小木棍插入材料的小洞中去，并尝试转一转，看看不同形状的陀螺转的时候是什么形状的？

（3）交流发现

师：刚刚在转不同形状的陀螺时，你发现了什么？它们转动的时候是什么形状的？

（4）师小结。

由于陀螺转动得非常快，所以无论什么形状，转动起来后看上去都是圆形的。

5. 活动结束，教师总结。

原来陀螺的转动不仅和小木棍插在材料上的位置有关，还和我们转动的方法有关。

活动延伸 ·······

在科学区继续投放打好洞的塑料瓶盖、纸板等材料，引导幼儿制作不同的陀螺，并一起玩陀螺。

活动评析 ·······

陀螺是幼儿非常喜欢的一种玩具，在科学探索活动中，我们鼓励幼儿在玩中发现身边的科学，尝试发现问题、分析问题，并解决问题，激发幼儿对探究的兴趣，积累探究的方法。

教师利用视频导入活动，很快吸引了幼儿的注意力。活动中，教师更多是引导者、支持者，通过提问引导幼儿去尝试发现让陀螺又稳、时间又长转动的技巧，同时给予足够的材料支持，让幼儿在活动中可以大胆地尝试。整个活动的探索氛围特别好，幼儿在"玩中学，做中学"，乐在其中。

第三节 幼儿园区域活动中的案例

区域活动是幼儿园一日活动中重要的教育形式之一，它是以快乐和满足为目的，以操作、摆弄为途径的自主性学习活动。因此，我们甄选了适合各个年龄段幼儿发展特点的智力类民间游戏投放到班级的益智区、科学区中，如井字棋、五子棋、迷宫、捡棍子等都是我们耳熟能详的民间游戏。民间游戏进入幼儿活动区域，丰富了班级区域的内容，在提高幼儿智能的同时，更让经典得以传承。

小班科学区：拔根儿

活动背景

　　拔根儿，是中国北方儿童在秋季常玩的民间游戏，一般多在男孩子之间进行，比谁的根儿最结实。拔根儿游戏在农村尤其流行。每到秋天落叶时节，总能看到很多小孩儿放学途中满地捡树叶的情景。拔根儿的胜负不取决于选手的力气、手法，而取决于叶柄（茎），因此对叶柄（茎）的挑选就非常重要。

　　现在许多幼儿对于树叶的接触和了解甚少，拔根儿游戏可以让幼儿更好地了解大自然中的树叶，符合幼儿的兴趣与需要。同时，想要赢得游戏，挑选树叶叶柄（茎）非常关键，需要幼儿仔细观察叶柄是否牢固，能够承受多大的力。在捡树叶的过程中还可以让幼儿感受树叶随着季节变化而产生的变化，帮助幼儿积累更多的生活经验，激发幼儿热爱大自然的情感，保护他们对自然的好奇心与探究欲。

图 7-15　拔根儿

活动目标

　　1. 喜欢与同伴一起在户外捡树叶，体验拔根儿游戏的快乐。

　　2. 学习分辨树叶叶柄是否牢固的方法，掌握游戏的玩法。

　　3. 能够遵守游戏规则，不在游戏中用指甲掐对方的叶柄。

材料投放

收集大量的各种树叶的叶柄（茎）。

使用与玩法

1. 游戏开始前，两名幼儿各自准备好足够的等量的树叶的叶柄（茎）。

2. 每人先拿一根，两人将叶柄（茎）的中间部位套在一起，并同时向自己的怀里用劲儿拉，如果谁的根儿断了，换一根继续，最后谁剩的根儿多，谁就是赢家。

观察与指导重点

1. 教师可带领幼儿在户外收集树叶的茎，并重点指导幼儿了解树的名称，观察树叶和茎的大小、颜色、纹路，等等。

2. 游戏过程中，教师要指导幼儿正确的游戏方法，并让幼儿通过游戏了解哪种树茎更加牢固，不易被拉断。同时，教师要注意保护幼儿的手不被树茎弄伤，可在科学区准备手套来保护幼儿的手。

活动延伸

1. 将捡来的树叶用来开展美术活动：用有趣的树叶印画，用漂亮的树叶做粘贴画等。

2. 收集漂亮的树叶，教师带领幼儿一起制作树叶标本。

活动反思

在带幼儿玩这个游戏之前，教师就发现了他们对落在地上的树叶很感兴趣，捡到之后还会给自己的好朋友看，于是为了激发孩子们的游戏兴趣，在玩游戏之前带着孩子们一起在大树下捡树叶。孩子们一听说今天不仅可以玩游戏还能捡树叶，高兴坏了，一个个都特别兴奋，教师交代完要求之后便和孩子们一起去户外捡树叶了。

虽然这个游戏看上去很简单，但是捡树叶、用自己捡的树叶和同伴一起游戏的这个过程让小朋友们非常开心，教师还引导他们去观察树叶长什么样子，树叶的茎又是什么颜色的？秋天的树叶和夏天的树叶有什么不同的地方？引导小朋友们在玩游戏的同时，能够去观察树叶的外形特征，还能了解四季是怎样给植物带来变化的，非常有意义。

小班益智区：十二生肖翻翻乐

活动背景

十二生肖，又叫属相，是中国与十二地支相配以记人出生年份的十二种动物，包括鼠、牛、虎、兔、龙、蛇、马、羊、猴、鸡、狗、猪。它是中华民族文化的结晶，每一种生肖都有丰富的传说。此项游戏将十二生肖印在积木块上，让孩子们通过掷骰子（印有十二生肖）来决定需要找出的生肖，通过游戏，可以很好地丰富他们有关十二生肖的知识，感受民族文化的博大精深。小班幼儿已经开始愿意和同伴合作游戏，十二生肖翻翻乐的游戏不仅可以促进幼儿之间的互动，还可以锻炼幼儿的反应能力，促进其手、眼的协调发展。

图 7-16　十二生肖翻翻乐

活动目标

1. 喜欢和同伴一起玩游戏。

2. 知道十二生肖，掌握游戏的玩法和规则。

3. 能够在掷玩骰子之后迅速做出反应，找出相应的生肖积木。

材料投放

骰子2个（每一面印有一个生肖图案），与之相对应的积木12个（一个积木上印有一种生肖图案）。

使用与玩法

1. 通过猜拳的方式决定谁来掷骰子，骰子停止后，看朝上的一面的图案是哪个生肖。

2. 两名幼儿迅速在积木中找到相对应的生肖积木。

3. 先找到者为胜。

观察与指导重点

1. 教师可在益智区墙面上贴十二生肖的图案，帮助幼儿了解十二生肖。

2. 引导幼儿遵守游戏规则，相互之间友好合作。

活动延伸

教师可让幼儿回家后和家长一起找十二生肖的相关故事，家长讲给孩子听，丰富孩子们的知识。

活动反思

前段时间，结合相关的主题活动，孩子们已经了解了十二生肖的知识。在此基础上，教师在区域里投放十二生肖的游戏材料，孩子们的游戏兴趣马上被激发，在进行区域活动的时候争相参与。

不过在区域活动中教师也发现，刚开始孩子们对积木上的生肖图案更感兴趣，并没有进行翻翻乐，而是在玩积木游戏。教师并没有马上介入，而是让孩子们自己进行游戏。经过几天时间的观察，发现孩子们还是没有发起翻翻乐游戏时，教师根据小班孩子爱模仿的特点，在进行区域活动前示范游戏的玩法，慢慢地开始有孩子玩翻翻乐的游戏了。老师们在进行观察指导时，不要急于介入游戏，前期的积木游戏对于后期的翻翻乐游戏也是有帮助的。

中班益智区：井字棋

活动背景

井字棋，是全国各地非常流行的一项益智类民间游戏，又称为井字游戏、圈圈叉叉，另外也有打井游戏、OX棋的称呼，香港多称井字棋为过三关。井字棋与五子棋比较类似，由于一般不画边框、格线排成井字而得名。游戏需要的工具仅为纸和笔，甚至只需要折一根棍儿，在地上画井字便可游戏。

幼儿园中班是幼儿三年学前教育中承上启下的阶段，是幼儿智力发展的高峰期。井字棋一般为两人玩，并为对抗类游戏，可以促进中班幼儿有意注意的发展，同时在自己出棋的同时还要关注对方的走向，有利于提高幼儿注意力分配的能力、观察能力，以及解决问题的能力。

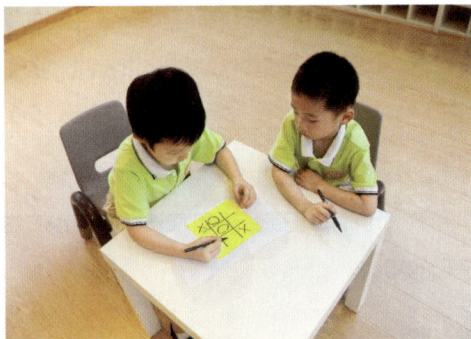

图7-17　井字棋

活动目标

1. 喜欢和同伴一起玩游戏，正确对待"输赢"。
2. 学习用笔画"井"字格，掌握井字棋游戏的玩法。
3. 能够遵守游戏规则，在游戏过程中沉着冷静，不急不躁。

材料投放

白纸（或废旧纸）、笔等若干。

使用与玩法

1. 在室内玩时，需要有一张桌子，几张凳子或椅子，幼儿可以围坐在桌边，玩井字棋游戏。

2. 游戏开始前，先在纸上画一个"井"字格，然后两个人以"石头剪刀布"来决定由谁先画，两个幼儿一人画"○"，一个画"×"，一先一后依次来画，谁先在"井"字格中画出三个自己的图形且连成一条线（横线、竖线、斜线均可），谁就赢了这一局。

提示：这个游戏需要一定的技巧，高明的玩家在布局最后一步时能有两个选择，不管对方封杀哪一个方向，都能赢。

观察与指导重点

1. 初次游戏时，教师可以平行介入的方式与幼儿一起游戏，重点帮助幼儿理解游戏玩法与规则，尤其是三个相同图形连成线，无论是横线、竖线、斜线都可以。

2. 教师观察幼儿游戏情况，当幼儿遇到困难时可适当告知幼儿游戏的方法和技巧，引导幼儿在自己画图形时注意对方是否已经快将图形连成线了，如果是则需及时拦截。

活动延伸

1. 可以结合美工区活动开展。在美工区投放可以制作多次使用的棋盘的材料，引导幼儿制作不同规格的棋盘，并在益智区投放核桃、花生等作为棋子，可以节约用纸，避免浪费。

2. 在幼儿熟悉玩法和规则之后，教师可在益智区投放五子棋，引导幼儿玩更加具有挑战性的以五颗棋子连成线为赢的游戏。

3. 可以告知幼儿家长游戏的玩法与规则，让幼儿在家与家人或同伴一起玩"井字棋"的游戏。

活动反思

最好用废纸来玩"井字棋"，班上有很多只用了一面的废纸，我会将这些纸放在益智区，以便孩子们游戏使用。自从益智区投放了这个材料，孩子们进入益智区的频率高了很多，每天都有孩子玩"井字棋"游戏，益智区的废纸用得非常快。为了节约用纸，我将孩子们玩完"井字棋"后的废纸又投放到了美工区，用来折纸。

为了让孩子们保持对这项游戏的兴趣，我带着孩子们制作了可以多次利用的棋盘，即用废纸画了"井"字格后，再进行过塑，可在上面反复图画，孩子们感到很有趣，愿意这么玩游戏。在区域投放材料后，教师可注意观察幼儿游戏的情况，在适当的时候提高游戏的难度，增加挑战性。

中班益智区：百变迷宫

扫码观看游戏视频

活动背景

人类建造迷宫已有五千年的历史，在世界不同文化的发展时期，这些奇特的建筑物始终吸引人们沿着弯弯曲曲、困难重重的小路吃力行走，寻找真相，因此，迷宫类小游戏应运而生。

中班幼儿的有意注意时间短，走迷宫的游戏能够有效地提高幼儿的有意注意力和空间智能，让幼儿学会整体观察和思考，并且在游戏活动中培养互相帮助和勇于挑战的品质。

图 7-18　百变迷宫1

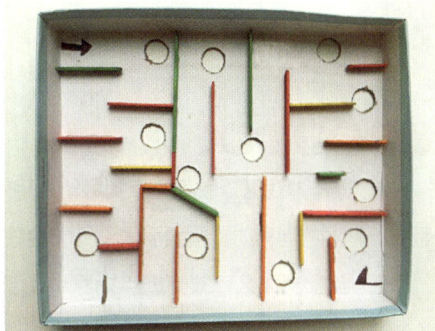

图 7-19　百变迷宫2

活动目标

1. 喜欢走迷宫，体验探究的乐趣。

2. 了解迷宫的基本结构，掌握走迷宫的方法。

3. 能够在游戏过程中发现问题，并不断尝试，解决问题。

材料投放

利用废旧纸盒制作的迷宫若干（有的迷宫不挖洞，有的迷宫挖洞）、玻璃球若干、迷宫图册、绘画纸、笔。

使用与玩法

1. 操作游戏区

初级阶段：幼儿自选无洞的迷宫，可独自游戏，也可多人比赛进行；双手控制迷宫的位置，将玻璃球从迷宫的入口处沿着迷宫路径滚到出口，先到者为胜。游戏可反复进行。

难度升级：幼儿选择有洞的迷宫，双手控制迷宫的位置，将玻璃球从迷宫的入口处沿着迷宫路径滚到出口，注意不能让玻璃珠从洞口掉下来，否则从头开始，先到者为胜。

2. 创意制作区

幼儿自由翻阅迷宫图册，可以边看边玩走迷宫的游戏。当幼儿熟悉迷宫的玩法和构造之后，可以尝试自己设计迷宫，并将设计好的迷宫让其他幼儿玩，看看谁的迷宫设计更复杂、难度更大。

观察与指导重点

1. 操作游戏区。教师重点指导幼儿用双手控制玻璃珠自由地沿着迷宫小路滚动。尤其是在玩有洞的迷宫时，需要引导幼儿学会控制自己的力度和位置，避开迷宫小路上的洞。

2. 创意制作区。教师重点指导幼儿了解迷宫的构造，关注迷宫的构造细节，学习在绘制迷宫时给玩家制造"陷阱"。

活动延伸

1. 教师可在建构区投放纸杯、扑克牌、奶粉罐、积木等材料，让幼儿自己搭建迷宫，玩一玩自己走迷宫的游戏。

2. 亲子制作活动：我的百变迷宫。建议家长和孩子一起利用各种废旧材料（如鞋盒、快递盒等）来制作有趣的迷宫。

活动反思

迷宫是孩子们非常感兴趣的游戏内容，我将幼儿园订购的画刊、相关杂志上面的纸上迷宫游戏复印出来投放在了益智区，在区域投放了与迷宫相关的材料，他们表现出了非常大的兴趣。尤其是用废旧纸盒制作的迷宫，虽然不是特别的精美，但是几个孩子在一起玩得非常入迷。

当孩子们熟悉了这些材料之后，我开始引导他们尝试自己绘制迷宫。在建构迷宫时孩子们都表现得很积极，都想参与到迷宫的建构中去，但是在设计迷宫时，孩子们遇到困难了，他们设计的迷宫路线不明显，而且线路少，比较简单，显然孩子们对于迷宫的设计还不熟悉。为了帮助他们解决这个困难，我首先带着孩子们观察更多有趣的迷宫图册，并且进行建构的示范，先让孩子们从模仿学习开始，同时，还让他们根据已有的迷宫图册用纸杯、扑克牌将路线摆出来。慢慢地，孩子们熟悉了迷宫的基本结构，绘制出来的路线也就更加有趣了。

大班益智区：好玩的扑克牌

扫码观看游戏视频

活动背景 ·····················

　　纸牌游戏最初起源于中国，欧阳修在《归田录》中记录为"叶子戏"，元代时，马可·波罗将其推广到欧洲。1984年，在英国一家俱乐部中诞生了桥牌，桥牌在经过演变之后就有了我们今天常玩的扑克牌。扑克牌有图形、数字，简便轻巧，玩起来千变万化，引人入胜；它可以培养幼儿的逻辑思维、帮助幼儿理解各种抽象的数学知识，将知识生活化、游戏化。

图 7-20　好玩的扑克牌：比大小

图 7-21　好玩的扑克牌：开火车

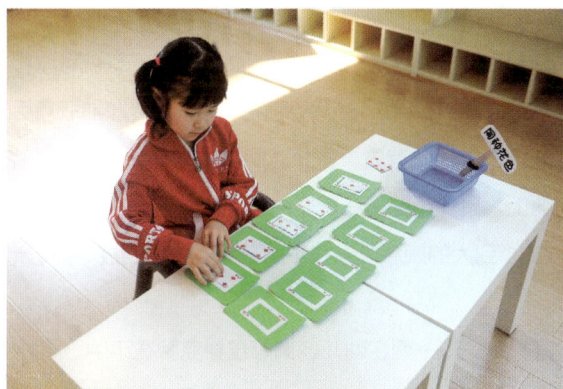

图 7-22　好玩的扑克牌：排序和补图画

大班幼儿思维方式虽然是具体的，但是明显地出现了抽象逻辑思维的萌芽，在感知量的精确性方面有了很大的提高，他们能够区分和按一定标准排列不同大小的物体，对于量的相对性也有了比较好的了解。扑克牌的玩法很多，我们可以利用它本身的图案和数字来进行特别的处理，帮助幼儿更好理解数的概念，帮助幼儿提高数学逻辑推理能力。

活动目标

1. 喜欢玩扑克牌游戏，体验游戏的乐趣。
2. 在游戏中运用已有的数学经验，进行逻辑推理。
3. 能够仔细观察扑克牌的变化，将图与数一一对应，并对扑克牌进行排序。

材料投放

将若干扑克牌进行处理，如将牌中间的图形部分裁下来备用；将扑克牌对半剪，分开备用。

使用与玩法

游戏玩法1：比大小。制作印有">"和"<"符号的纸板，将J、Q、K、A扑克牌去掉，将牌铺在桌面上但不能看到花色、数字，通过"石头剪刀布"决定胜负，赢者随机抽取两张牌让另一名幼儿放在符号纸板上做比较，如果比较正确就可以将扑克牌归为己有，如果比较错误，则牌归发牌幼儿所有。最后，铺在桌面的扑克牌抽取完后，游戏结束。

游戏玩法2："补图画"——首先，将扑克牌从中间剪断，一张扑克牌变成两张，并将其中半张贴在卡纸上，另外半张留在筐子中备用。幼儿首先根据卡纸上的扑克牌图案（或者数字）将其以从小到大的顺序排好，然后从筐子中找到被剪掉的半张扑克牌补充卡纸上的半张扑克牌。

游戏玩法3："开火车"——两名幼儿各拿等量扑克牌在手中，将扑克牌的正面朝下，双方都不能看到扑克牌的图案和数字。通过"石头剪刀布"猜拳决定胜负，赢者先出牌放在桌子上，然后另外一名幼儿出牌叠放在前一张扑克牌上，依次类推，轮流进行。当出示的牌和前面的某张牌一样时，出牌者可将这两张同样的牌中间的所有扑克牌收起来归为己有，然后继续出牌，以此类推。最后手中扑克牌数量最多者为胜。

观察与指导重点

1. 在幼儿游戏之前，教师应该对游戏进行讲解示范，让幼儿了解玩法。
2. 在游戏中，重点引导幼儿仔细观察扑克牌的图案和数字，尝试图、数对应。

活动延伸

1. 幼儿在家和父母一起玩扑克牌游戏。
2. 尝试新的扑克牌玩法，和小朋友们分享，丰富区域的游戏内容。

活动反思

在生活中，我们接触扑克牌比较多，许多成人的玩法也可以变换为很多适合孩子来操作的玩法。使用扑克牌作为活动的材料，既简便又环保，并且可以反复使用。想要玩好扑克牌需要调动幼儿的观察力、记忆力、逻辑推理能力，等等，有助于幼儿智力的发展。

扑克牌可以变换的玩法有很多，教师可以根据自己的需要，结合孩子的兴趣特点、幼儿园的活动主题来开展。如果班级幼儿对扑克牌不是很了解，建议教师提供完整的扑克牌在区域中让幼儿认识、观察、了解，并且可以利用一日活动中的某些过渡环节，让幼儿了解扑克牌中的花色、数字，积累相关的经验知识，激发幼儿的游戏兴趣。

大班益智区：五子棋

活动背景

棋是幼儿生活中常见的游戏之一。在中国，棋类游戏在民间广泛流行，是一种具有高度智慧内涵的智力类游戏。五子棋，是一项两人在桌上玩的竞技游戏，也可多人组队进行比赛。

　　大班幼儿在认知方面有了很大的提高，合作水平较高，喜欢合作类游戏；同时，这个阶段的幼儿好学好问，喜欢有挑战性的学习内容，他们的思维积极活跃，五子棋游戏可以帮助幼儿发展思维能力和合作能力。

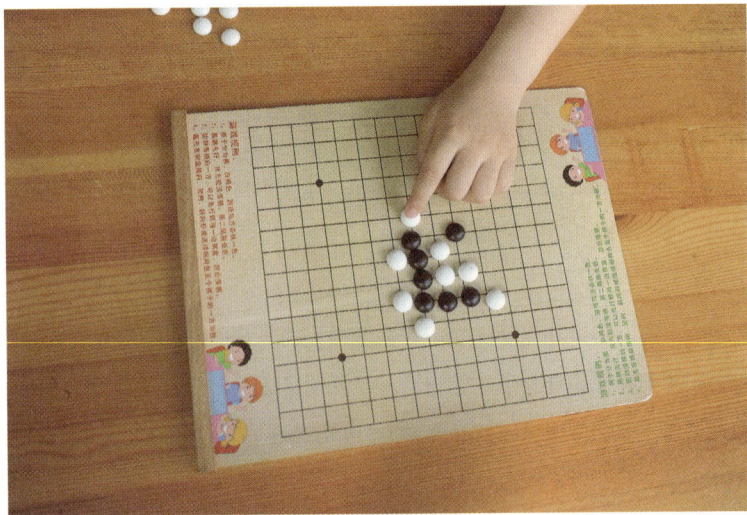

图 7-23　五子棋

活动目标

1. 喜欢和同伴一起玩五子棋游戏，体验对抗类游戏的乐趣。
2. 通过操作了解下棋是有规则的，要按照规则进行活动。
3. 能够养成自觉取、放材料的习惯。

材料投放

　　游戏用的棋盘长15格，宽15格（也可用围棋棋盘代替），棋子（可用围棋棋子，也可用其他小物件代替，但必须是两种不同的物品），规则介绍图。

使用与玩法

1. 游戏开始前，两名幼儿自选棋子，通过"猜拳"的形式决定谁先出棋。

2. 两人玩五子棋，一人执黑棋，一人执白棋，一先一后，一人走一步，每人想办法让自己所执的五个棋子连成一条线，谁先连成一条线谁赢。

注意：五个棋子连成一线，横着连、竖着连、斜着连都可以。

观察与指导重点

1. 教师鼓励幼儿从不同的位置出棋。

2. 教师指导幼儿在自己想办法连线的过程中，注意观察对方五子棋的走向，阻止对方连成一条线。

活动延伸

1. 幼儿和家长一起收集可以用作五子棋棋子的材料，带到幼儿园来投放到益智区，丰富区域的材料。

2. 幼儿可与家长一起玩五子棋的游戏。

活动反思

玩五子棋游戏可以很好地锻炼幼儿的思维条理化，增强记忆能力、判断能力和独立思考的能力。

由于五子棋的难度较大，因此教师在开展五子棋游戏之前可以进行相应的准备工作，例如利用过渡环节带领幼儿了解五子棋的构造，了解一些基本的玩法。在游戏的初始阶段可以降低对幼儿的要求，主要在于掌握游戏的规则：连线。在幼儿熟悉之后，逐步指导幼儿学会堵对方棋子，让对方不能连成一条线。幼儿的发展是一个渐进的过程，教师要用心观察以了解幼儿的已有水平。

第四节 幼儿园其他活动中的案例

在民间游戏中，有的游戏偏"静"，譬如：猜中指，游戏简单但是有趣，对场地和器材没有太多的要求，因此适合小班幼儿在餐前、生活过渡环节进行。而有的游戏偏"动"，例如，盘脚莲、奇异花，这两个游戏不仅融合了当地的童谣，在发展智力的同时还能锻炼体能，适合幼儿在户外进行。此小节中的民间游戏形式、内容多样，组织者可根据游戏类型合理选择。

小班户外活动：盘脚莲

活动背景

盘脚莲，这项民间游戏在河南、河北一带非常流行，也叫"盘脚盘"。游戏玩法简单，属于多人合作的游戏，游戏配上相应的儿歌更加生动有趣。同时，不同的地区，儿歌的具体内容略有差异。

图 7-24　盘脚莲

小班幼儿不再像1~2岁时那样各玩各的，开始从独自游戏向联合游戏过渡，他们喜欢和同伴们一起游戏。此项游戏的玩法非常简单，儿歌朗朗上口，生动有趣，非常适合小班孩子玩耍，同时有助于培养幼儿手、眼、脚的协调性，锻炼反应能力。

活动目标

1. 喜欢和同伴一起游戏，体验结伴游戏的乐趣。
2. 理解游戏的玩法和规则，提升反应能力。
3. 能够遵守游戏规则，当念到最后一个字时快速收回自己的脚。

活动准备

找一个空旷、平坦的草地

活动过程

基本玩法：3~5人一组，围成圆圈坐好，脚也围成一个圆。商量确定第一个开始的幼儿。开始时，幼儿边说儿歌，边用手从拍自己的一只脚开始顺时针转，按儿歌的节奏拍打每个幼儿的脚，当说到"去"字时，拍到谁的脚谁就要把脚藏回去。

规则：若藏得太慢，则两人互换角色，游戏继续进行。

创新玩法：按儿歌的节奏拍打每个幼儿的脚，儿歌结束时，拍到谁的脚，谁的脚就要收起，收起脚的幼儿说儿歌继续游戏。

活动延伸

建议家长和孩子一起玩盘脚莲的游戏，促进亲子之间的交流。

活动反思

盘脚莲是符合小班幼儿年龄层次的游戏活动，游戏的玩法很简单，童谣朗朗上口。活动前，我收集到的盘脚莲童谣版本不一，不同地区的童谣内容不尽相同，有些内容比较粗俗，有的内容太过冗长，因此为了使童谣符合小班幼儿的年龄发展特点，我慎重地进行了筛选，并且做了简单的修改整合，让童谣朗朗上口，简单易懂，长短适中。

刚开始进行游戏时，孩子们总是只专心地念儿歌，有时候忘记收脚，在我的示范、参与和引导下，孩子们渐渐地开始能够手脚协调一致地玩游戏了。这样简单的合作游戏非常受孩子们的欢迎，在生活过渡环节也常常听到班上的孩子们念童谣。这项游戏让幼儿感受到同伴合作游戏的乐趣，同时也满足了他们想要当众表达的愿望。

儿歌《盘脚莲》:

盘，盘，盘脚莲；一盘盘了二三年。

三年整，菊花顶；顶顶盖盖，跑马卖鞋。

大簸箕，小簸箕；抬抬小脚我过去。

中班户外活动：奇异花

扫码观看游戏视频

活动背景

奇异花，这项游戏也叫"喊数抱团"。游戏的玩法很简单，找一个空旷的场地，所有参与游戏的幼儿牵手围成一个圈，边念童谣边"开花"，由发布口令者喊出开出的花瓣数，开出的花有几瓣就需要几个幼儿抱在一起。这是一项自由组合的游戏，考验幼儿的反应能力，也能促进其数学思维的发展。

中班时期是幼儿游戏活动的黄金时期。奇异花游戏有助于对幼儿合作意识的培养，而且游戏过程中幼儿需要与同伴抱在一起，可以很好地增进幼儿之间的感情。同时，游戏中需要幼儿听清花瓣数，如果想要成功必须集中注意力，而且快速分配好人数并抱在一起。这项游戏的玩法和规则虽然简单，但是充满变化，非常考验幼儿的反应能力、专注力、合作协调能力。

图 7-25　奇异花

活动目标

1. 喜欢与同伴一起玩抱团的游戏。
2. 了解游戏的玩法，知道开几瓣花就是几个小朋友抱在一起。
3. 能够根据口令快速做出反应和同伴抱在一起。

活动准备

场地准备：找一个空旷的场地即可

活动过程

基本玩法：幼儿手牵手围成一个大圆，按顺时针方向边走边念歌谣，当口令发布者说"开了×瓣花"（"×"为具体数字，可依据游戏人数灵活变化）时，幼儿立即按数字组合（抱在一起），口令发布者检查，只要不是"×"人一组均为犯规，则要到圆圈中间进行自主表演，之后游戏继续。

规则：游戏时必须边念儿歌边牵手转圈，不能提前抱在一起。

创新玩法：在幼儿了解单数和双数的基础上，口令发布者说："开单数（或双数）瓣花"，如果幼儿不是单数（或双数）为犯规，犯规的幼儿要到圆圈中表演一个节目。

活动延伸

可以将这个游戏融入数学活动中去，让幼儿通过游戏巩固单数和双数的概念。

活动反思

"奇异花"是一项十分有趣的游戏，在游戏过程中，幼儿要快速计算并做出反应。同时，这也是一项非常有利于培养团队意识的游戏，拥抱、组团，孩子们在游戏中不知不觉地感受到团队的重要，体验与同伴协作的乐趣。

在孩子们正式进行游戏之前，我先带着几个能力比较强的孩子进行了简单的示范，然后再组织孩子们一起试玩了一次，把玩游戏中发现的问题提出来，予以解决。通过几次"游戏、小结、再游戏"，孩子们很快就掌握了游戏的玩法。不过，刚开始玩游戏，普遍出现的问题就是：孩子们只顾着和同伴抱在一起而忽略了确定人数。从中也可以看出，幼儿对于与同伴合作游戏是非常感兴趣的，游戏过程中很兴奋。

儿歌《奇异花》:

奇异花，奇异花，

风吹雨打都不怕，

勤劳的人们在说话，

请你马上就开花。

开了几瓣花?

开了×瓣花。

大班餐后活动：小侦探

活动背景

　　小侦探是幼儿非常喜欢玩的一项民间游戏，其起源我们已无法追溯。俗话说"擒贼先擒王"，这项游戏又叫"猜带头人"、"猜领头人"，它很好地诠释了这句话，是一项需要幼儿通力合作的智力游戏。

　　大班幼儿有强烈的好奇心和求知欲，而且他们喜欢有挑战性的内容。游戏中，组长要不停地改变动作，而组员则要随机应变快速学习组长的动作，帮助组长打掩护，小侦探则要注意观察谁才是动作变化的"领头人"。这是一项非常考验幼儿应变能力、记忆能力和观察能力的游戏。

图7-26　小侦探

活动目标

1. 喜欢和同伴一起玩游戏，感受团队合作的力量。

2. 理解游戏的规则，组员掩护组长不被小侦探发现。

3. 能够快速地跟着组长变换动作。

活动准备

场地准备：空旷的场地，幼儿围坐呈一个半圆或圆形。

活动过程

基本玩法：全体幼儿围坐呈一个半圆或者圆形，请一名幼儿作小侦探并被蒙上双眼，一名幼儿担任组长，组长带领大家做各种不同的动作，组长变动作，其他组员要快速地模仿，不让小侦探发现谁是组长。同时，小侦探睁开双眼后要细心观察判断谁是组长。小侦探猜对了则为胜者，与组长调换角色，猜错了，"罚"他表演一个节目再换人当小侦探，游戏继续进行。

规则：小侦探被蒙眼后不能偷看，其他幼儿注意不要告诉小侦探谁是组长。

创新玩法：请一名幼儿到圆圈中间担任"镜子人"，随时观察组长的动作变化，第一个做出反应，而圈上的其他幼儿不再看组长，而是通过看"镜子人"来变化动作。"小侦探"通过观察找出组长。

活动延伸

幼儿可以在家与爸爸妈妈、爷爷奶奶、外公外婆、哥哥姐姐、弟弟妹妹一起玩这个游戏，尤其是大家庭玩这项游戏可以更好地促进家人之间的情感交流。

活动反思

我们一直强调要培养孩子乐于交往、学习互助、合作与分享的品质，其实通过游戏便可以做到，因为它能让孩子们在"玩中做，玩中学"。小侦探这个游戏非常好，因为这样的游戏活动，让孩子们积累了一定的生活经验，与此同时也为孩子们提供了分享、创造的机会。担任组长是有压力的，因为要不停地变换动作，这就需要生活中有许多动作的积累，担任组员也要有责任感，因为组员的责任就是为组长做掩护，如果组长被发现，就是整个团队输了。小侦探则要眼明心亮，注意观察其他幼儿动作变化的细微之处，找到动作的来源。

刚开始组织这个游戏的时候，教师发现担任组长的孩子总是在游戏时不知道要做什么动作，于是，为了帮助孩子们顺利地玩这个游戏，开始几轮游戏的组长是由教师来担任的。同时，教师还帮孩子们梳理了游戏中可以做的动作，例如：刷牙动作，转手，弹钢琴，喝水，小猫的动作，等等，这些都是孩子们自己想的，来自他们的生活经验，所以游戏中他们模仿得很好，也知道了组长应该如何变换动作。所以，教师在组织游戏时要根据幼儿游戏的情况进行相应的游戏指导，帮助幼儿一个一个地攻克游戏中的难点，这样才能更好地玩这项游戏。

案例设计

思考以下智力游戏适合在幼儿园什么环节开展，并设计相应的活动案例，对该游戏进行创新。

游戏名称：正说反做

游戏目标：提高思维的敏捷性和反应能力。

游戏玩法：选1名幼儿当发号施令的人，其他幼儿站好，等候发令人发出指令，幼儿听到指令后，做出与指令相反的动作，如发令人说"向左转"时，幼儿做出向右转的动作。

第八章
幼儿园艺术类民间传统游戏的案例

章前导读

    《3—6岁儿童学习与发展指南》中指出，艺术是人类感受美、表现美和创造美的重要形式。在当今日益开放和多元的社会背景下，外来文化潜移默化地影响着幼儿的生活和行为方式。在幼儿园课程中渗透民族文化的内容，不仅能够使课程更具实践性和适宜性，增进课程的生活化、趣味性，而且能够提升幼儿的民族认同感，更好地接纳社会和他人。

第一节 幼儿园晨间活动中的案例

游戏是幼儿的天性，选择具有游戏性的民族民间音乐，创设有意思的游戏情景，能调动幼儿的学习兴趣，激发幼儿参与活动的积极性和主动性。同时，幼儿园晨间活动内容安排相对自由开放，安排此类活动，让幼儿在自由、轻松的氛围中感受游戏的快乐和民间歌谣的韵律美。

小班音乐游戏：小老鼠上灯台

扫码观看游戏视频

活动背景

《小老鼠上灯台》是一首脍炙人口的民间童谣，它生动有趣，幽默诙谐，形象鲜明，深受小班幼儿的喜欢。而小班幼儿思维的特点决定了他们喜欢在模仿动物的游戏情景中学习，但是，由于情绪体验比较少，在思想的表达和情感的流露上有时还有些拘谨，此外，他们的节奏感、动作协调性又比较差，为了创设一种轻松、活泼的气氛，使幼儿能根据乐曲的旋律自然而然地参与进来，并在轻松愉快的情绪中大胆地表现，运用形象生动的肢体动作配合轻快的节奏，以鼓励、赏识的方法来调动幼儿的积极性、主动性和创造性，使幼儿从中体会到音乐游戏的乐趣，体验到民间童谣的魅力。

活动目标

1. 喜欢唱童谣，会用自然的声音边唱边玩"猫捉老鼠"的游戏。
2. 尝试用身体的不同部位做"灯台"。
3. 愿意与同伴合作游戏，体验游戏中"猫来了"时的紧张情绪和迅速跑回家后的快乐情绪。

图 8-1　小老鼠上灯台

活 动 准 备 ....

1. 材料准备：CD机。

2. 经验准备：幼儿会唱《小老鼠上灯台》这首歌。

3. 场地准备：选择教室一处较为空旷的场地。

活 动 过 程 ....

1. 问题导入，激发兴趣。

师：小老鼠爬到哪里偷油吃？后来谁来了？最后小老鼠是怎样从灯台上下来的？

2. 教师和幼儿边唱童谣边做动作复习歌曲。

3. 教师交代游戏玩法、规则，幼儿观察游戏玩法。

基本玩法：教师扮演"老猫"，幼儿扮演小老鼠，幼儿边唱童谣边做小老鼠找油吃的动作，当唱到"叽里咕噜滚下来"的时候，"小老鼠"要赶快跑回家，安静地坐在自己的小板凳上，老猫出来找老鼠。如果被捉到，就作下一次游戏的老猫，如果没有，教师可以请最快回到座位的幼儿作老猫，或采取自愿的形式产生下一次游戏的老猫。

游戏规则：在唱到最后一句时，小老鼠才能往家跑，并且要迅速安静，否则就会被老猫抓住。提前跑的小老鼠都算输。

创新玩法1：手指游戏。融入顶锅盖游戏。教师双掌向下扮"老猫"，幼儿扮"小老鼠"，伸出一个手指头放于教师手掌下面。师幼边唱童谣边随意摆动，当唱到"叽里咕噜滚下来"时，幼儿的手指头要迅速离开手掌，以免被老猫捉住。

创新玩法2：适合提高游戏难度。幼儿围圈站好边唱边原地做"小老鼠"的动作，一位幼儿作"老猫"站在圈内，"老猫"随乐句逐个指向"小老鼠"，当唱到"叽里咕噜滚下来"的"来"字时，被指到的"小老鼠"听到"老猫"的叫声后，要快速沿着圈外跑一圈回到原来的位置上，如果中途没有被"老猫"抓到就算赢，否则为输。

活动延伸

此活动可在餐前、户外活动中，由幼儿自由结伴玩。

活动反思

1. 针对小班幼儿爱玩、喜欢游戏、注意力不容易集中等特点，设计了"猫捉老鼠"的情境，幼儿对此活动相当感兴趣。他们以小老鼠的角色积极参与，热情投入，表现出了轻松愉快的情绪。同时，由于幼儿已经会唱《小老鼠上灯台》歌曲，所以在活动中能轻松自如、边唱边玩游戏。

2. 幼儿参与游戏的兴趣很高，基本上能遵守游戏规则开展游戏。在游戏最初，幼儿可能是对"喵喵喵"三个字非常敏感，所以还没有唱到"叽里咕噜滚下来"这一句时，就开始跑了。针对这一现象，教师及时调整策略，在唱到"喵喵喵，猫来了"时有意识地停顿一会，给了幼儿一个反应时间，使其通过节奏的变化感知接下来要干什么，从而掌握游戏规则。

3. 教师要关注个体，在游戏进行中，适时鼓励未参与游戏的幼儿参与游戏。活动中有些幼儿的反应会比较慢，教师就用共同游戏者的身份，和幼儿一起游戏。幼儿在反复游戏中，学习游戏玩法，尝试挑战新的难度，增强了自信心。

童谣《小老鼠上台灯》:

1=C 2/4

$\underline{5}$ $\underline{5}$ 3 | $\underline{5}$ $\underline{6}$ 3 | $\underline{5}$ $\underline{5}$ 3 | $\underline{5}$ $\underline{6}$ 5 |
小 老 鼠　　上 灯 台，　　偷 油 吃，　　下 不 来。

$\dot{\underline{1}}$ $\dot{\underline{1}}$ $\dot{1}$ | $\dot{\underline{1}}$ $\dot{6}$ $\dot{\underline{1}}$ 5 | $\underline{5}$ $\underline{5}$ $\underline{5}$ $\underline{3}$ 2 $\underline{2}$ $\underline{3}$ | 1 — ‖
喵 喵 喵　　猫 来 了，　　叽 里 咕 噜 滚 下　　来。

中班音乐游戏：何家公鸡何家猜

扫码观看游戏视频

活动背景

　　《何家公鸡何家猜》是一首歌词简单、旋律欢快、充满童趣的广东童谣。在《我爱祖国》主题活动中，中班孩子对模仿各地方言产生了浓厚的兴趣，由此我们对这首童谣进行了细微的改编，使它既能让幼儿感知广东话与普通话的发音区别，又易于体验、表现其音乐性。同时，我们又进一步尝试把《石头、剪刀、布》这个幼儿常玩且十分

图 8-2　何家公鸡何家猜

喜爱的猜拳游戏引入活动，以歌曲为载体，将民间游戏和民谣歌曲自然结合，增强活动的趣味性，同时也让幼儿在活动中体验音乐的节奏感，提升合作能力、自我控制和反应能力。

活动目标

1. 对广东歌曲产生兴趣，学说广东话。
2. 能有节奏地边唱边玩猜拳游戏，并会在间奏处做相应的肢体动作。
3. 体验和同伴一起歌唱、游戏的快乐。

活动准备

1. 材料准备：CD机、《何家公鸡何家猜》伴奏音乐。
2. 经验准备：会唱歌曲《何家公鸡何家猜》。
3. 场地准备：在活动室选择一片空地，师生围坐呈圆形。

活动过程

1. 导入："超级变变变"游戏。

教师引导幼儿根据教师语言指令"我变我变我变变，变成公鸡喔喔喔、变成母鸡咯咯哒、变成小鸡叽叽叽"，迅速做出相应的肢体动作。

2. 教师边唱童谣边做动作，幼儿观察模仿学习动作。

3. 教师交代游戏玩法、规则，师幼一起边唱童谣边做动作。

基本玩法：幼儿边唱歌曲边随音乐做动作：1~2小节右手食指做思考动作；3~4小节左手做瞭望动作；5~6小节右手四个手指在胸前摆动；7~8小节双手胸前摇摆。9~10小节、12~13小节、15~16小节两手于胸前快速绕圈；18~20小节握手。

游戏规则：在每句末玩石头剪刀布游戏。在间奏中，根据输赢玩挠痒痒游戏，赢的幼儿去挠输的幼儿痒痒。如果猜拳不分胜负，那就互相抱抱。

创新玩法1：两个小朋友面对面，在每句末玩石头剪刀布游戏。在间奏中，赢的人做公鸡的动作，输的人做母鸡的动作，如果两个人猜拳不分胜负的话就同时做小鸡的动作。

创新玩法2：适当提高游戏难度，进行双圈游戏。引导内圈的幼儿按顺时针方向找到下一个新朋友，继续游戏。

活动延伸

此活动可在餐前、户外活动中进行，组织幼儿自由结伴玩游戏，引导幼儿主动邀请同伴游戏。亦可指导家长和幼儿在家进行亲子游戏，增进亲子感情。

活动反思

1. 富有广东特色的民谣歌曲充满童趣，歌曲旋律多是简单的反复，歌词又把动物拟人化，同时加入地方特色的方言，更能激发幼儿演唱的兴致，充分调动幼儿游戏的兴趣。

2. 游戏能促进幼儿动作灵活性的发展，提高幼儿的反应能力。在游戏中，教师将游戏难点前置，运用"变变变"的游戏，引导幼儿快速做出模仿"公鸡、母鸡、小鸡"的动作，并通过教师示范讲解，了解其基本玩法。其后，在完全掌握基本玩法、规则的基础上，增大游戏的难度，将"挠痒痒"替换成模仿与输赢结果相匹配的不同"鸡"的造型，以及在圈上面对面游戏并交换朋友。起初，幼儿不能迅速与旁边同伴运用肢体动作表现输赢结果。多次游戏后，幼儿参与游戏更加专注，反应更快，能较好地遵守游戏规则。

3. 游戏增进了幼儿的自主性和同伴、师生间的感情。游戏中，教师从游戏的发起者逐渐成为游戏的观察者和参与者，引导幼儿主动邀请同伴游戏。幼儿在反复游戏中，学习游戏玩法，挑战新的难度，增强了自信心。同时，在游戏的过程中，师生通过以地方方言演唱民谣、动作交流，体验与同伴、成人合作游戏的快乐。

童谣《何家公鸡何家猜》：

童谣《何家公鸡何家猜》（粤语儿歌）　韦然 词/曲

大班音乐游戏：竹竿舞

活动背景

　　竹竿舞又叫"打柴舞"，是海南黎族最古老、最具代表性的一种艺术活动。在有节奏、有规律的竹竿碰击声中，游戏者要在竹竿分合的瞬间，敏捷地进行跳跃。其音乐旋律欢快、节奏鲜明，很受人们喜欢。

　　大班幼儿喜欢参与富有挑战和冒险的活动，他们有与同伴合作游戏的经验。借助乐曲欢快的气氛和分明的节奏声，通过竹竿舞三人一组的合作游戏，既能丰富幼儿的舞蹈经验，挑战幼儿在舞蹈过程中的节奏感和动作的协调性、灵活性，又能增强幼儿之间的配合，提高协调能力，体验民间舞蹈带来的乐趣。

活动目标

　　1. 体验跳竹竿舞的乐趣，愿意协作，勇于挑战。

　　2. 能根据敲击竹竿的节奏和童谣，掌握恰当跳进跳出竹竿的时机，合作完成游戏。

　　3. 通过竹竿舞游戏，初步了解竹竿舞的基本跳法，知道竹竿舞是少数民族的一种舞蹈。

活动准备

　　1. 场地准备：室内外空旷的场地。

　　2. 经验准备：了解竹竿舞的基本动作和规律，会用竹竿敲击出"分分合"的节奏。

　　3. 材料准备：竹竿若干根、CD机。

活动过程

　　1. 拍手游戏一：教师引导幼儿根据教师语言指令"分分合、合合分、分合分合、合分合分等"，来玩拍手游戏。

　　2. 拍手游戏二：在教师发出语言指令的基础上，加入游戏音乐玩拍手游戏。

　　3. 教师交代游戏玩法、规则，师生一起跳竹竿舞。

基本玩法：

1. 幼儿三人一组，两人面对面手持竹竿，一人站在竹竿的外侧。

2. 跟着音乐前奏的旋律和节奏默念节奏型（分分合 、分分合）。

3. 两名幼儿随音乐做敲竹竿的开合动作，一名幼儿根据竹竿的开合，有节奏地在竹竿间做走、跑的动作。

游戏规则：跳舞者要在两根竹竿打开时跳进去，在两根竹竿要合拢时跳出来，如果没有及时跳出来，被夹住脚，则游戏结束，跳舞者替换其中一名敲竹竿者，游戏重新开始。

创新玩法1：接龙游戏。敲竹竿的人数由一组增加到三组，幼儿根据音乐和节奏，连续跳过三组竹竿。同时可以增加跳竹竿的人数，幼儿一个接一个地依次连续跳过三组竹竿。（可根据幼儿发展进行新的挑战，如两两一起跳、两队迎面跳等。）

创新玩法2：变换敲竹竿节奏型。由单一节奏型"分分合"变为复合节奏型。如"分分合、合合分、分合分合、分分合"，或者是配上童谣，边唱边跳。

活动延伸

此活动可在餐前、户外活动中进行，组织幼儿自由结伴玩游戏，引导幼儿主动邀请同伴游戏。亦可指导家长和幼儿在家一起进行亲子游戏，增进亲子感情。

活动反思

1. 竹竿舞是我国黎族等少数民族的极具特色的民间活动，竹竿在游戏者的敲击下，发出有规律的节奏声，跳舞者穿梭于竹竿之间。大班幼儿具有很强的好胜心和好奇心，这种游戏极具趣味性和挑战性，不仅能够开阔幼儿的视野，满足幼儿的心理需求，而且也能在活动中促进幼儿动作的发展。

2. 在整个活动中，孩子们的兴趣和参与度很高，基本上能按照节奏进行敲击，但是由于敲击竹竿需要两两配合，幼儿之间的配合还不够默契，且幼儿的灵活性、协调性还有待提升。

3. 这是一个合作游戏，在活动中，教师以观察者的身份参与游戏，当幼儿之间出现问题时，可以用平行式或交叉式的介入方式，引导幼儿自己解决问题，促进幼儿合作探究的能力，培养幼儿的合作意识。

附乐谱:

竹竿舞

1=F 2/4

（乐谱略）

大班音乐游戏：采茶扑蝶

扫码收听游戏音频

活动背景

民间歌舞《采茶扑蝶》是闽南地区的非物质文化遗产，迄今已有280多年历史，其情节生动有趣，角色形象诙谐，是福建民间艺术中的奇葩。我们结合《3—6岁儿童学习与发展指南》精神，根据大班幼儿的年龄特点，运用"采茶扑蝶"的游戏情境，增强活动的趣味性，让幼儿在活动中充分感受民间音乐的艺术美，提升合作能力、自我控制能力和反应能力。

活动目标

1. 感受民间音乐的旋律和情绪，在与同伴的游戏中，提升自我控制力和反应能力。

2. 能有节奏地用动作表现出"采茶"与"扑蝶"的不同内容。

3. 倾听音乐，在乐句的鼓点响起时"停"和"扑"。

活动准备

1. 材料准备：CD机、《采茶扑蝶》音乐、小蒲扇、小蝴蝶造型若干。

2. 经验准备：熟悉乐曲《采茶扑蝶》。

3. 场地准备：在活动室选择一片空地，师生自由围成圈。

活动过程

1. 提问导入，回忆茶女采茶的动作。

2. 幼儿跟随音乐，有节奏地做动作，有高低左右的变化等。

3. 教师交代游戏玩法、规则，师幼一起边听乐曲边玩游戏。

基本玩法：幼儿扮演蝴蝶，随音乐做蝴蝶飞和停的动作，教师扮演采茶女随音乐用扇子有节奏地扑蝴蝶。

游戏规则：蝴蝶随音乐飞来飞去，当锣身响起时，蝴蝶停下来，扑蝶人可用扇子轻轻地去扑蝴蝶。

创新玩法1：两个小朋友面对面，一个人当蝴蝶，一个人当扑蝶人，两两玩游戏。

创新玩法2：利用网子代替小蒲扇，在锣声响起时，幼儿两两结伴做造型。

活动延伸

此活动可在餐前、户外活动中进行。组织幼儿自由结伴玩游戏，引导幼儿主动邀请同伴游戏。亦可指导家长和幼儿一起进行亲子游戏，增进亲子感情。

活动反思

1. 富有闽南特色的乐曲，有别于以往幼儿在园接触的音乐风格，满足了幼儿的好奇心，更能激发幼儿的兴致，调动幼儿游戏的兴趣。

2. "采茶扑蝶"的游戏能发展幼儿动作的灵敏性，提高幼儿的反应能力。在幼儿完全掌握基本玩法、规则的基础上，可逐步增大游戏的难度。多次游戏后，幼儿参与游戏更加专注，反应更快，能较好地遵守游戏规则。

3. 游戏发展了幼儿的自我控制能力和反应能力。幼儿在反复游戏中，挑战新的难度，增强合作的能力，社会性得到了很好的发展。

乐谱：

采茶扑蝶

福建民间乐曲

第二节　幼儿园教学活动中的案例

幼儿园在甄选民间艺术类游戏时，根据内容进行认真挖掘、筛选，遵循健康的、积极的、正面的原则，从幼儿发展的整体性和可持续性出发，建构了以民间音乐游戏、民间美术游戏为基本内容的集体教学活动，使幼儿在活动中获得审美的经验。

小班音乐活动：公鸡头母鸡头

扫码观看游戏视频

活动背景

进入小班下学期，幼儿的社会性交往能力有了明显的提高，非常喜欢有合作性的音乐活动，孩子们开始明白游戏时合作的重要性，同时初步建立了规则意识。选定《公鸡头母鸡头》主要考虑到歌词内容有趣且贴近生活，非常富有童趣。在此基础上，老师把它创造性地融入歌唱活动中，辅以幼儿藏藏猜猜游戏，让幼儿在感受歌曲的同时，体验民间游戏的乐趣。选材虽然简单，但非常符合小班幼儿的年龄特点和学习兴趣。

图 8-3 公鸡头·母鸡头

活动目标

1. 在"藏豆豆、猜豆豆"的游戏中，倾听教师范唱，熟悉歌曲旋律，记忆歌词，学习演唱歌曲。

2. 在教师的提醒下，明确游戏的玩法并努力遵守游戏规则：唱完歌曲后，如果猜对了，猜对的人去喂鸡；如果猜错了，则由藏豆的人去喂鸡。

3. 尝试两两结伴进行游戏，体验两人结伴玩游戏的快乐。

活动准备

1. 经验准备：认识黄豆，知道公鸡和母鸡爱吃黄豆。

2. 材料准备：黄豆若干。

活动过程

1. 游戏导入，激发兴趣。

师：今天老师来当魔法师，现在在我的手里有一颗黄豆，音乐停的时候，请你们猜猜它在我的哪只手里?（第一次倾听乐曲）

2. 进行"藏豆豆、猜豆豆"游戏。

（1）初步欣赏歌曲，熟悉旋律和歌词。

师：今天老师带来了一首歌曲，请你们听一听，谁最喜欢吃黄豆?

（2）继续欣赏歌曲，在"藏豆豆、猜豆豆"的游戏中，记忆歌词。

（3）在"藏豆豆、猜豆豆"的游戏中欣赏歌曲，出示公鸡母鸡图片，请幼儿给鸡喂黄豆。

师：谁来猜一猜，黄豆在哪只手里?（请猜对的幼儿喂鸡，如没猜对，就由老师喂鸡）。

3. 在两两合作的"藏豆豆、猜豆豆"游戏中，练唱歌曲。

（1）幼儿跟唱歌曲。

师：这次我们一起来唱，你们唱的声音要让公鸡母鸡听见哦!

（2）教师和个别幼儿示范合作玩游戏，讲解游戏的玩法及规则。

师：这个游戏是两个人一起玩的，我找一位小朋友和我一起玩。我们一起来唱!（交代游戏规则：两人结伴，一人藏豆一人猜。）

（3）请两位幼儿合作玩游戏，巩固游戏玩法和规则。

师：请两位小朋友来"藏豆豆、猜豆豆"，我们一起来帮他们唱!看看谁能猜对哦。

（4）全体幼儿结伴玩游戏。

师：你们想玩这个游戏吗? 现在我来给小女生发黄豆。请小男孩过来找一个小女孩面对面站好。记住哦! 这个游戏要先唱，唱完以后才能猜。唱得好听，公鸡母鸡才开心。

（5）两两交换角色，继续游戏。

师：现在我给小男孩发黄豆，这回请男孩把黄豆藏好，小女孩来猜。

4. 教师小结。

活动延伸

活动结束后，可将公鸡母鸡纸偶杯和黄豆放置在音乐区域，引导幼儿在区域中和同伴自由结伴演唱歌曲玩游戏。亦可投放其他动物纸偶杯在音乐区域，引导幼儿根据纸偶杯的动物选择其喜欢的食物，创编歌词自由演唱玩"藏一藏、猜一猜"的游戏。

歌曲

公鸡头母鸡头

1=C

公鸡头，　母鸡头，　公鸡母鸡吃黄豆，
东一颗，　西一颗，　猜猜黄豆在哪头？

活动评析

1. 活动选材有新意。《公鸡头母鸡头》是一首带有浓郁民间风格的歌曲，这样的歌曲贴近生活，富于童趣，游戏性强。与幼儿平时接触的音乐风格不同，还带有一些诙谐和幽默，给他们带来了新鲜感。结合小班幼儿的年龄和心理特点，通过边玩边唱的方式，让幼儿在愉快的游戏中自然而然地学会歌曲，并在玩中理解游戏的规则，体现了"玩中学"的教育理念，同时通过与同伴合作游戏满足与同伴交往的需要。

2. 活动策略有效支持幼儿学习。一是教师制作了吸引孩子的憨态可掬的公鸡头、母鸡头的纸偶杯来吸引幼儿。二是教师运用游戏情境、动作引领、语言提示等策略，让幼儿在边玩边唱中自然而然地学会歌曲。

（1）游戏设计目的明确。第一环节创设了"藏豆豆 猜豆豆"的游戏情景，通过多遍清唱歌曲，让幼儿在不同的任务挑战中，有效地将无意倾听转换为有意倾听，一方面能满足幼儿的好奇心，激发学习参与活动的兴趣，另一方面在无意倾听中熟悉歌曲的旋律。

（2）多遍倾听有重点。活动中教师引导幼儿多遍倾听，而每遍倾听目标明确。第一、第二遍教师范唱，采取放慢速度的清唱，帮助幼儿有效地倾听歌曲，熟悉旋律和歌词；第三、第四遍教师范唱，增加"猜一猜"的游戏环节，让幼儿带着任务地进行倾听，并通过游戏获得成功感，激发幼儿再次倾听歌曲的兴趣。

（3）多形式学习有指导。活动设计了赢得游戏胜利的幼儿可以去喂鸡的奖励方法，很好地激发了幼儿藏豆猜豆的兴趣，增强了游戏性，是一种非常有效而又深受幼儿喜欢的方式。游戏的加入，充分调动幼儿自主学习的愿望。其后，结伴玩"藏豆豆 猜豆豆"游戏，让多次练唱环节变得更加有趣味性和挑战性，充分激发了幼儿参与演唱歌曲的兴趣，同时也引导幼儿在游戏中正确地面对输赢。

3. 注重情感体验。艺术活动重在带给幼儿愉快的情绪体验。教师始终关注每个幼儿的个性发展，对于活泼好动的幼儿，用游戏规则使其保持情绪稳定，为内向胆小的幼儿创设机会，让他们在与同伴和老师的互动中大胆表现、感受快乐。

中班音乐活动：螃蟹歌

活动背景 ··· 扫码收听游戏音频

《螃蟹歌》是一首内涵丰富、活泼风趣、富有戏剧性又充满生活气息的四川童谣。歌词生动形象、栩栩如生地描绘了螃蟹夹人的过程，富有地方色彩，颇具情节性和戏剧性。整首歌曲旋律生动、活泼、有趣，歌词内容朗朗上口，贴近幼儿的生活，童趣盎然。根据中班孩子喜欢动物这一特点，选择这首四川童谣，幼儿通过学习运用四川方言演唱歌曲，体验不同地域的文化特点，利用歌曲风趣、诙谐的特点，提高幼儿的学习兴趣。

活动目标 ···

1. 感受螃蟹歌诙谐幽默的特点，体验与老师、同伴玩"螃蟹捉小鱼"的游戏乐趣，大致掌握歌曲，节奏准确。

2. 通过摆图、纠正图片摆放顺序及藏图等学习形式，理解记忆歌词内容，提升反思能力。

3. 合作玩"螃蟹捉小鱼"游戏时，能控制自己的动作，正确面对输赢。

活动准备

1. 经验准备：幼儿有两两结伴游戏的经验。
2. 材料准备：四幅图谱。

活动过程

1. 导入，激发兴趣。

（1）教师：我从家乡带来一位好朋友，你们听听他是谁？

（2）出示螃蟹玩具。分析螃蟹的外形特点，用四川话说"八只脚，两只大夹夹，一个硬壳壳"。

教师：听到了什么？我的好朋友长得什么样？

2. 通过倾听歌曲，熟悉旋律，了解歌词大意。

（1）第一遍师唱。幼儿双手合握，模仿"夹子"的动作。

（2）第二遍师唱。幼儿双手合握，模仿"夹子"的动作，教师双手半握，用食指、中指模仿"小鱼"在幼儿手上"游动"。

（3）第三次师唱。动作同上。让幼儿观察教师的手在唱到"哎哟"时会做什么？

（4）第四、第五次师唱。"老师的手这次会被哪个小朋友夹住呢？你们边玩边听老师唱了什么？"

3. 引导幼儿观察图谱，学唱歌曲。

（1）教师："刚刚我唱了什么"？幼儿回答，教师出示图谱。

（2）看图谱演唱，验证图谱顺序，巩固歌词记忆。

4. 引导幼儿两两合作表演螃蟹捉小鱼的游戏，进一步感受和表现歌曲内容。

（1）教师与一位幼儿示范游戏玩法。

（2）幼儿两两游戏，教师引导幼儿自主发现问题并大胆寻找解决的办法。

（3）幼儿交换同伴进行游戏，感受方言歌曲的风格。

活动延伸

引导幼儿在家里和家长一起玩"螃蟹捉小鱼"的游戏，体验演唱方言歌曲的乐趣，同时开展亲子大调查活动、寻找身边的方言歌曲活动。

歌曲

螃蟹歌

四川童谣

活动评析

1. 重视幼儿的学习兴趣。《螃蟹歌》是一首四川方言歌曲，其旋律生动、活泼、有趣，贴近幼儿的生活，童趣盎然。中班幼儿语言能力较强，选择诙谐、有趣、富有情趣和地方色彩的方言歌曲，能激发学习的兴趣，丰富幼儿的语言。

2. 突出活动过程重难点。运用将歌唱游戏化的教学策略，将传统教学中幼儿多遍的学唱环节，融入"螃蟹捉小鱼"的游戏情境。幼儿通过一个人的手指游戏到两两之间的合作，在体验游戏快乐的同时，自然学唱了歌曲，充分开展了自主学习。

3. 感受音乐艺术的魅力。在教学过程中，教师可通过表情语言、肢体动作帮助幼儿更好地理解歌曲诙谐、风趣的特点，让幼儿更好地掌握方言歌曲的特点。

中班美术活动：美丽的窗花

活动背景

剪窗花，是我国北方传统的民间艺术形式。在喜庆的节日里剪窗花，既装点了环境，又营造了浓浓的热闹喜庆的氛围。然而现在的孩子已经很少接触这门艺术了。所谓艺术源于生活，又回归于生活，通过这类活动，我们不仅可以引导幼儿发现美、感受美，更重要的是能够引导他们表现美、创造美，并由对美的追求，引发幼儿对生活的热爱，萌发出对美好生活的向往。结合"欢欢喜喜过新年"的主题活动，通过剪窗花，让幼儿在折一折、叠一叠、剪一剪的活动中，感受传统文化艺术之美，提高动手操作能力。

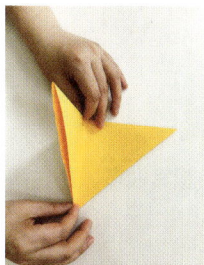 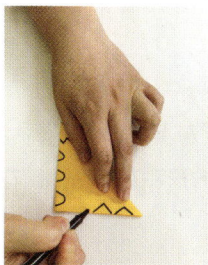  

图 8-4 折纸　　　图 8-5 画图案　　　图 8-6 剪图案　　　图 8-7 打开

活动目标

1. 欣赏剪纸窗花，知道剪纸是中国特有的民间艺术，学习在连续折叠后剪出图形和线条的方法。

2. 发现剪纸作品中的对称关系，能根据自己的想法剪出不同的图形和线条。

3. 体验剪窗花的乐趣，能将纸屑放在指定的地方，养成整洁有序的好习惯。

活动准备

1. 经验准备：幼儿了解了窗花的来历，欣赏过不同类型的窗花。

2. 材料准备：各色正方形彩纸、剪刀、胶水、铅笔、各类窗花的PPT课件、喜庆的背景音乐等。

活动过程

1. 谈话导入，激发兴趣。

师：小朋友们，你们发现我们的教室有什么变化吗？（贴了窗花）

小结：在新年到来之际，人们会贴上窗花装饰环境，渲染喜庆的气氛，表示对美好生活的向往，剪窗花是我国民间特有的艺术形式。

2. 欣赏PPT，感受剪纸窗花的颜色美、图案美、对称美。

（1）欣赏收集的各种民间剪纸窗花作品，观察作品的色彩和图案。

师：你最喜欢哪一个窗花，为什么喜欢这个作品？（引导幼儿说一说这些漂亮的窗花上有什么图案。）

（2）观看剪窗花视频，了解窗花的图案规律。

师：原来窗花上有那么多的图案，请你们仔细看看它们是怎么来的。

小结：窗花的颜色很漂亮，形状有圆形、方形和花瓣形，窗花的图案很多，左右两边的图案、花纹是一模一样的。

3. 根据看图的经验，探索剪窗花的方法。

（1）观察剪窗花示意图，初步了解剪窗花的方法。

师：你能看懂这些图吗?谁愿意说一说、做一做？（出示示意图）

（基本方法：折叠→画图案→剪图案→打开）（幼儿尝试折，教师辅助）

（2）教师梳理剪窗花的方法和步骤，引导幼儿发现长方形和正方形纸的不同折法。

小结：原来窗花纸有长方形和正方形的区分，长方形的纸我们要从"边边"找朋友，正方形的要从"角角"找朋友。

4. 根据剪窗花示意图，幼儿自主选择纸张剪窗花。

（1）幼儿根据示意图进行操作，教师巡回指导。

重点指导：根据纸张的形状进行"边角"折叠，大胆设计线条图形，从开口处开始剪，不能把中间剪断，剪的过程中不要打开。

（2）提醒幼儿安全使用剪刀，操作结束后将桌面整理干净。

（3）将剪出的窗花贴到教室的玻璃上，美化环境。

5. 自由欣赏，评价作品。

（1）幼儿自主介绍自己的窗花作品。

（2）引导幼儿评价自己、同伴的作品，教师提问：你们最喜欢哪一幅？为什么？

活动延伸

1. 亲子调查：美丽的窗花。引导幼儿回家后和父母一起，上网找一找、看一看还有哪些窗花，欣赏我国传统的剪纸艺术，并和家长一起剪窗花装饰家里的窗户。

2. 区域活动：剪窗花。在班级美术区域投放不同颜色、不同形状、不同材质的纸，结合亲子调查结果，引导幼儿探索更多的剪纸方法，剪出更多漂亮的窗花。

活动评析

1. 活动选材好。中班幼儿的小肌肉群正处于发育阶段，剪纸活动能调动幼儿的视听觉、触摸觉等多种感官参与，通过眼、手、脑的协调动作，让幼儿获得极大的兴趣与满足。同时，剪纸活动又能促进幼儿的智力发展，培养幼儿的审美能力，丰富幼儿的思维想象力，激发幼儿的创造力。

2. 图示运用好。教师运用PPT课件，让幼儿直观地感知窗花的图案美、颜色美、对称美等，充分发挥现代化教学手段在教学活动中的作用。同时根据幼儿已具备的看图经验，利用图示法，引导幼儿通过看一看、说一说、剪一剪等方法，进行剪窗花的学习。整个学习过程，幼儿在前，教师在后，提供给幼儿充分思考和探究的时间，让幼儿在自主学习剪窗花的活动中，理解美、感受美、表现美、创造美，不断地获得成功感和快乐（建议PPT中提供特征比较明显的窗花图片，数量在九张以内，以免因为图片太多，分散了孩子的注意力）。

3. 注重评价好。在最后的分享交流环节，通过幼儿自己评价、幼幼评价、师幼评价，让幼儿与幼儿直接对话、幼儿与作品直接对话，再加上教师恰当的点评，幼儿对剪纸的特点、构图更加了解，而且自信心和操作水平逐渐增强。教师应强调剪纸时一个重要的注意事项：没开口的地方不能全部剪掉，否则窗花会散。

大班音乐活动：对歌

活动背景

　　对歌歌曲节选自《刘三姐》中的《什么结子高又高》，是一首广西壮族的山歌，其曲调优美、朗朗上口，问答式的山歌对唱具有浓郁的民族特色。大班幼儿的欣赏能力，语言、肢体的表达能力在不断提高，他们乐意与人分享、交流自己喜爱的艺术作品，愿意通过唱、跳等多种形式来表达自己的情感体验。《对歌》这一音乐活动中互动合作的空间很大，既可以培养幼儿善于思考、勇于接受挑战的习惯、对中国传统民间文化的喜爱之情，也能让幼儿运用熟悉的歌曲旋律自由创编简单的歌曲，享受对歌活动自由表达和创造的乐趣，体验与同伴合作的快乐。

图 8-8　对歌图谱

活动目标

　　1. 通过有层次的范唱和认知图谱，记忆歌词，学唱歌曲《对歌》。

　　2. 了解对歌歌词特点，知道演唱的方法，能与同伴一起演唱。

　　3. 感受广西壮族对歌的韵律，体验合作对唱山歌的乐趣。

活动准备

　　1. 经验准备：幼儿有问答歌的演唱经验。

　　2. 材料准备："刘三姐"对歌的视频、相关图谱。

活动过程

1. 教师以猜谜语的形式，让幼儿熟悉歌词。

（1）教师先出谜面，小朋友猜谜语。

师：我今天带来了一首歌曲，谜语的谜底就在我的歌曲里。请你们仔细听一听，看看猜对了没有。

（2）第二遍师唱——幼儿熟悉歌词。

师：歌曲里是怎样唱出谜底的？

（3）第三遍师唱——幼儿熟悉歌词顺序。

师：请幼儿将谜底的图谱与谜面一一对应。

（4）第四次师唱——幼儿熟悉衬词。

师：听听歌曲里除了谜语，老师还唱了什么？唱了几次？在哪里唱的？（出示"了了啰"图谱。）

（5）第五次师唱——幼儿验证。

教师再次范唱歌曲，引导幼儿对照图谱验证歌词内容。

2. 幼儿学唱歌曲。

（1）幼儿学唱"了了啰"。

（2）幼儿完整学唱歌曲。

（3）游戏"对歌"，感受对歌的表演形式。

师：这个歌曲还可以玩一个好玩的游戏，我请我的朋友来跟我一起玩，看看我们是怎么玩的？

①教师示范对歌，介绍对歌的演唱方式。

师：一个人通过唱歌问问题，另一个人通过唱歌回答问题，这种一问一答的演唱形式就叫作对歌。我们现在也来玩玩"对歌"的游戏，好吗？

②幼儿进行"对歌"的游戏。

3. 欣赏视频，感知广西壮族群众对歌的表演风格。

师：在中国有个美丽地方叫广西，那里的人民很喜欢唱歌，我们一起去看看他们是怎么唱歌的吧？请仔细地欣赏哦！

4. 教师小结。

活动延伸

　　活动结束后，可开展第二课时的教学，引导幼儿根据已掌握的对歌特点，自己出谜面、谜底，进行歌曲创编。将创编出来的歌词绘制成图片（可教师绘制，亦可幼儿自己绘制），投入音乐区域活动中，供幼儿演唱或玩歌曲PK游戏。

歌曲《对歌》：

1=降b　2/4

附图谱

活动评析

　　1. 选材新颖，目标适宜。在艺术领域活动中，我们最关注的是为幼儿搭建感受和欣赏、表现与创造的学习平台，使幼儿能在原有基础上有所提高。活动的选材要打破传统的思维方式，拓展幼儿的眼界，给予幼儿多形式、多方位、多途径的视听欣赏体验和艺术感受。对歌这种形式对于传统的音乐课来说，形式新颖，符合大班幼儿年龄特点，易于接受，乐于演唱。

2. 策略适宜，支持学习。活动的设计富有新意和挑战，符合大班幼儿爱挑战的心理。第一个环节熟悉歌词，采用多遍范唱倾听的策略，借助图谱，每一次都提出不同的倾听要求和问题，环环相扣，层层递进，让幼儿在一次次的倾听中，自我反思解决问题，直观地记忆歌词并厘清歌词的顺序，培养幼儿良好的学习品质和习惯。第二个环节学唱歌曲，采取变式练唱的策略，运用难点前置、游戏介入法、同伴合作等方法和方式，引导幼儿从随意唱到有目的唱，从师幼对唱到同伴合作，让幼儿感受学习的快乐。第三个环节欣赏感知，通过观看壮族对歌视频，让幼儿进一步感受这种蕴含民族特色的歌曲的魅力，激发幼儿对民族艺术的热爱。

3. 高级榜样，传递情感。教师范唱歌曲时，以饱满的热情唱出歌曲所要表达的情感，把具有浓郁民族特色的音乐风格传递给幼儿，引发幼儿的情感共鸣，对幼儿的情感投入产生潜移默化的影响，为难点的突破埋下伏笔。

大班音乐活动：戏说脸谱

活动背景 ┈┈┈┈┈┈┈┈┈┈┈┈┈┈┈┈┈┈┈┈┈┈┈┈┈┈┈┈┈┈

扫码收听游戏音频

京剧是我国的国粹，是一种独特的舞台艺术，也是一种高度综合的艺术。京剧运用了"唱、念、做、打"四种艺术手段，其服饰特点鲜明，化妆夸张明显，唱腔韵味十足，具有独特的魅力。在活动中，幼儿能更加深入地了解京剧文化，感受京剧艺术独特的表现形式，萌发民族自豪感，提升艺术素养。

图 8-9　戏说脸谱

活动目标

1. 通过有层次的范唱和图谱，将脸谱与人物名称对照记忆，并记忆歌词，学唱京剧《戏说脸谱》。

2. 了解京剧的特点，知道演唱的方法，能与同伴一起演唱，尝试用不同的音调表现人物的不同性格。

3. 感受京剧独有的戏曲风格和韵律，对京剧演唱产生兴趣，体验演唱的乐趣。

活动准备

1. 经验准备：听过京剧。

2. 材料准备：京剧人物的面具、视频、图谱。

活动过程

1. 教师以"设疑"的形式导入，激发幼儿学习兴趣。

教师：今天我们这里来了一群很特别的人，他们的脸和我们的颜色不一样，会是什么样的呢？它就藏在一首歌里，请你们仔细地听一听。

2. 通过听歌曲，熟悉旋律记忆歌词。

（1）第一遍师唱——熟悉歌词。

教师：歌曲里有哪些颜色的人脸？

（2）第二遍师唱——熟悉歌词，出示图谱。

教师：这些不同颜色脸的人叫什么名字？

（3）第三遍师唱——熟悉歌词的顺序。

教师：按照歌词里出现的顺序，排列图片。

（4）第四遍师唱——验证歌词内容。

（5）教师再次范唱歌曲，引导幼儿对照图谱验证歌词内容。

（6）第五遍师唱——感受京剧与日常所唱歌曲不同的演唱风格。

教师：刚才我唱的和我们日常唱的有什么不一样？不一样在哪里？

3. 探索用合适的力度演唱戏曲。

（1）教师引导幼儿根据人物的特点，选择用合适的声音和力度来演唱。

提示："蓝脸的窦尔敦盗御马"最轻；"红脸的关公战场杀"稍用力；"花脸的孙猴"淘气，顽皮；"白脸的曹操"狡猾；"黑脸的张飞叫喳喳……"响亮而浑厚。

（2）分角色扮演京剧演员和观众，观众在每个句末叫"好！"（叫好的声音要短而有力。）

4. 欣赏视频，感知京剧独特的艺术表现形式及魅力。

活动延伸 ··

引导幼儿在音乐区带上脸谱面具、穿上脸谱衬衫，边演唱边做动作，体验京剧表演的乐趣。

歌曲《戏说脸谱》：

京剧《戏说脸谱》选段

活动评析 ··

1. 选材寓教于乐。根据《3—6岁儿童学习与发展指南》的精神，结合大班幼儿的年龄特点，培养幼儿对国粹京剧的兴趣，使幼儿感受京剧独特的曲调和魅力。

2．教学层次分明。由于京剧的演唱方式和风格与幼儿以往演唱的歌曲不同，孩子学唱容易，可是要唱出京剧的韵味却很难。因此，在设计适宜的教学策略时，利用多遍倾听和识记图谱相结合的方式，合理地运用现代化多媒体课件，让幼儿在新鲜的教学气氛中，直观形象地学习。

3．范唱生动有趣。教师范唱京剧时，以饱满的热情唱出京剧的韵味，特别是后面的"啊"，尾音此起彼伏，高低长短都不同，把具有浓郁民族特色的音乐传递给幼儿，引发幼儿情感共鸣，对幼儿的情感投入产生潜移默化的影响，为难点的突破埋下了伏笔。

第三节　幼儿园区域活动中的案例

小班美术区：做香包

活动背景

香包，又称香囊、荷包，是一种刺绣工艺品，它运用刺绣的针法在丝绸上绣制出富有内涵、精美华丽的图案纹饰，再缝制成形状各异、大小不等的小绣囊，在其内部装入各种有着浓烈芳香气味的药物研制的细末。古人认为，香包可辟邪趋灾，有助健康。祛邪祈福，是香包文化的永久主题，而隐喻象征、托物言志则是香包的鲜明艺术特色。直到现在，每年的五月初五端午节，还是有挂香包的习俗。

小班幼儿对于颜色丰富的有香气的东西很感兴趣，香包的历史和由来也颇为有趣，能帮助幼儿增长见闻。

图 8-10　香包和香料　　　　　　　图 8-11　做好的香包

活动目标

1. 通过画一画、做一做香包，体验动手的乐趣。

2. 通过欣赏各种各样的香包，了解民间香包图案的寓意，知道香包的用途，萌生对民间美术制品的兴趣。

3. 能把活动用具放回原处，愿意分享自己的作品。

材料投放

不同形状的白色香包、水彩笔、蜡笔、油画棒、五彩黏土、PPT课件等。

使用与玩法

1. 绘画区：画五彩香包。利用彩笔、蜡笔等绘画工具在教师提供的白色香包上涂色。

2. 欣赏区：观看关于香包由来的PPT，欣赏各种各样的不同形状不同图案的香包。

3. 手工区：做"香料"。运用捏、团、搓、揉等方法处理黏土，将其加工成香包里的"香料"。

观察与指导重点

1. 绘画区：重点关注幼儿握笔的姿势，引导幼儿选择自己喜欢的颜色进行涂色，掌握朝一个方向涂色的方法。

2. 欣赏区：重点引导幼儿感受不同的香包的色彩美和图案美，了解香包的来历和用途。养成良好的观看电视的习惯，注意保护眼睛。

3. 手工区：教师以玩伴的身份介入游戏，引导幼儿多观察，大胆想象，用多种方法制作各种"香料"。

活动延伸

邀请家长利用亲子时间与幼儿一起寻找身边的香包。结合五月初五端午节，佩戴香包，学念儿歌《热闹的端午节》，感受节日的气氛。

活动反思

考虑到小班幼儿爱模仿爱涂鸦的年龄特点，在区域创设中，教师为幼儿提供了画一画、看一看、做一做的三个区域，让幼儿通过多方位的直接感知进行自主学习。在绘画区中，幼儿可以自由选择喜欢的颜色来装饰香包，教师提供形状各异的香包，满足幼儿的需求，在这个过程中，教师要注意观察幼儿涂色的方法是否正确，引导幼儿一下一下地耐心涂，不能涂出香包，鼓励幼儿坚持到底。欣赏区中，许多形态迥异、色彩艳丽的来自各地的香包，给幼儿带来一次视听盛宴。泥工区中，考虑到小班幼儿小肌肉发展的特点，教师以游戏者的身份参与，和幼儿一起做香料，幼儿通过观察学习，逐步学会做各种各样的香料，并且兴趣很浓。

儿歌《热闹的端午节》:

五月初五端午节呀，奶奶为我包粽子呀，粽子尖尖甜又香呀，我们大家都爱吃呀！
五月初五端午节呀，我们一起做香包呀，香包圆圆又方方呀，一个香包一片心呀！

中班美术区：有趣的泥阿福

活动背景

　　泥阿福是我国民间泥彩塑的一种，其制作精细，形象可爱，色彩对比强烈，代表了人们美好的祝愿。中班幼儿在小班阶段参加过制作"面塑"类活动，已具备初步的审美能力及表现能力，其手指肌肉的运动也逐渐灵活。幼儿通过欣赏、制作、交流等多种活动形式，获取了较为丰富的关于民间手工艺品的知识和经验，锻炼了运用艺术形式大胆表现自己情感的和体验的能力。

图 8-12　有趣的泥阿福

活动目标

　　1. 了解泥阿福的制作工具，掌握基本制作技巧，能用不同的颜色来表现作品，体验制作的乐趣。

　　2. 欣赏泥阿福的造型和色彩，能运用语言向他人介绍自己的作品。

　　3. 有良好的操作习惯，能把活动用具放回原处。

材料投放

　　各种泥阿福的实物和图片，民间艺人制作泥阿福的视频，黄泥若干，毛笔，颜料，模具，辅助材料等。

使用与玩法

1. 欣赏区：观看介绍泥阿福艺术来历的视频，欣赏各种各样的泥阿福。
2. 制作区：能用黄泥、模具、毛笔、颜料、辅助材料等制作泥阿福。
3. 语言区：自信大胆地向同伴介绍自己的作品。

观察与指导重点

1. 欣赏区：重点引导幼儿感受不同泥阿福的色彩美和图案美，了解泥阿福艺术的来历和用途。
2. 制作区：重点关注幼儿使用模具、毛笔的情况。学习用黄泥制作泥胎的方法，强调泥胎造型符合胖墩墩、圆溜溜的特征。引导幼儿选择自己喜欢的颜色（大红、正绿、金黄、云青）进行装饰，体现泥阿福强烈的色彩对比。
3. 语言区：引导幼儿主动大胆地与同伴进行交流分享。

活动延伸

结合春节活动——送福娃，邀请家长与幼儿一起参加制作泥阿福的活动，并与同伴交换泥阿福。

学念儿歌《剪窗花》，感受节日的气氛。

活动反思

1.《3—6岁儿童学习与发展指南》中指出，教师应该关注培养幼儿欣赏美、表现美的能力，为幼儿提供感受美、欣赏美、表现美、创造美的体验环境。在活动中，老师应该更多地了解幼儿的已有经验，为幼儿提供相应的帮助。中班幼儿的合作能力开始发展，考虑到泥阿福制作工艺比较复杂，一次区域活动时间里，没办法全部完成，因此，教师可以将制作区划分为泥胚区和填色区，让操作更加清晰。

2. 制作泥阿福的过程比较复杂，上色需要几次，时间较长，需要一定的技巧和耐心。活动中，教师引导幼儿每一次上色都要在前一次所上的颜色晾干的基础上再进行。同时，教师可以根据幼儿的发展水平及不同的活动进程，分组进行活动。

中班美术区：青花瓷盘

活动背景

　　青花瓷是一种彩绘装饰瓷，其造型优美，色泽淡雅，素有"永不凋谢的青花"之称，因其突出的风格和独特的艺术特色被誉为中国"国瓷"，是中国文化的象征。中班幼儿感受、发现和欣赏美的能力逐渐增强，已经能在观看和欣赏艺术作品时产生相应的联想和情绪反应，并愿意用绘画、泥捏、手工制作等多种方法来表达自己的所见所想。选择《青花瓷盘》区域活动，让幼儿通过自主操作，绘制具有民间工艺特色的青花瓷，使其在创作的过程中感受青花瓷盘独特的简约之美，从而激发幼儿对传统民间艺术的热爱之情。

图 8-13　青花瓷盘（绘画版）　　　　图 8-14　青花瓷盘（泥工和撕纸版）

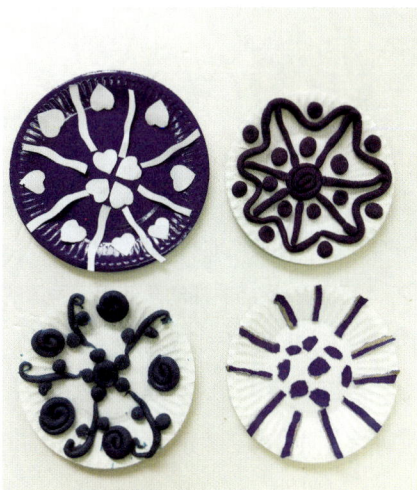

活动目标

　　1. 乐于参与美工区活动，体验用不同材料进行创作带来的成功感。

　　2. 能根据材料，用捏、撕、贴、画等方法，设计不同的线条或图案，装饰青花瓷盘，创造性地表现自己喜欢的青花图案。

　　3. 能主动收拾整理创作材料，自主欣赏自己和同伴的作品，并进行交流分享。

材料投放

白色纸盘、蓝色记号笔、蓝色卡纸、蓝色黏土、双面胶、青花瓷盘图片、背景音乐《青花瓷》等。

使用与玩法

1. 泥工区：利用压、团、揉、捏等造型的方法，创造性地表现青花瓷的线条，制作青花瓷盘。

2. 绘画区：根据各种青花瓷盘图片，在白色纸盘上进行图案绘制，制作青花瓷盘。

3. 手工区：利用撕、搓、贴等方法，创造性的表现青花瓷不同形状的图案，制作青花瓷盘。

观察与指导重点

1. 泥工区：重点关注幼儿粘贴、捏泥造型的方法，引导幼儿捏出波浪线、折线、弹簧线、螺旋线，创造性地装饰纸盘。

2. 绘画区：重点关注幼儿使用记号笔的习惯，引导幼儿先装饰青花瓷盘盘心，再画盘边花纹，花纹和图案一定要有规律地排列，确保围绕盘心花纹进行中心对称构图。

3. 手工区：引导幼儿根据青花瓷图片，使用不同材质的纸张，大胆想象，用不同形状的图形来装饰瓷盘。

活动延伸

1. 邀请家长参与青花瓷器的收集活动，利用亲子时间与幼儿一起欣赏其他青花瓷品。

2. 在区域里，投放更多青花瓷器的照片，将更多操作材料，如空白的杯子、花瓶、茶壶等物品放入美工区，让幼儿尝试动手设计。

活动反思

1. 青花瓷是最富有古代中国浓郁气息的瓷器，青花瓷的主色调为蓝色和白色，图案有山水、鸟兽、人物等，通过开展这类美术区域活动，能让幼儿在观察青花瓷盘图片和动手设计青花瓷盘活动中，初步了解中国的传统文化，对中国民间工艺产生兴趣，更加热爱我们的民族艺术。

2. 了解青花瓷的图案设计具有一定的规律性，且都是运用中心对称的原理设计而成，让幼儿在区域活动中，知道和运用对称规律设计花纹，装饰盘子，将点、线、面有机结合，提升幼儿审美情趣和表现力。在活动中幼儿实际掌握对称图形的情况及使用的线条图案的效果不是很好，可进一步丰富幼儿的知识经验。

大班美术区：五彩脸谱

活动背景

幼儿在大班下学期已积累了较多的美术知识和经验，《3—6岁儿童学习与发展指南》"艺术领域"也提出了"感受和欣赏，表现与创造"两个目标。为了培养幼儿的审美意识，挖掘和发挥幼儿的创造能力，教师选择了不同题材、不同风格的作品供幼儿欣赏。选择《五彩脸谱》区域活动，旨在让幼儿了解中国的工艺美术，以脸谱精致、绚丽、独特的装饰风格吸引孩子，引发创作兴趣，提高幼儿感受美、表现美的能力。

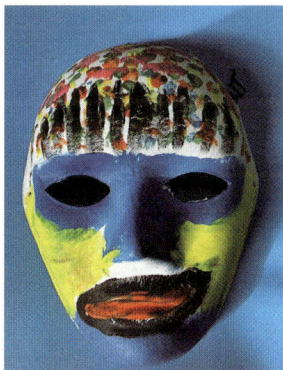

图 8-15　五彩脸谱1

图 8-16　五彩脸谱2

活动目标

1. 自主愉悦地参与美工区活动，感受五彩脸谱的趣味，体验用不同材料进行创作带来的成就感。

2. 选择不同材料，用撕、贴、画等方式，创造性地表现自己喜欢的脸谱。

3. 能主动收拾整理材料，自主欣赏自己和同伴的作品，并进行交流和分享。

材料投放

各色彩纸、绘画纸、卡纸、黑色油性笔、排笔、水粉颜料、白色纸浆脸谱、京剧脸谱PPT、背景音乐等。

使用与玩法

1. 手工区：利用撕、贴等造型的方法表现脸谱的线条，制作五彩脸谱。

2. 水粉画区：观察脸谱的形象，用颜料大胆表现。

观察与指导重点

1. 手工区：引导幼儿用撕、贴等造型方法表现脸谱的线条。

2. 水粉画区：重点关注幼儿使用颜料的习惯，鼓励幼儿观察脸谱的形象，大胆表现。

3. 油画棒区：鼓励幼儿根据脸谱PPT中的图片，大胆用色，并丰富画面内容。

活动延伸

幼儿园可邀请家长参与戏曲脸谱的收集活动，利用生活活动、晨间或离园活动开展"脸谱分享"，引导家长开展"了解中国戏曲之风"的亲子活动。

活动反思

1. 传统艺术是美术欣赏中十分重要的内容，教师用传统艺术鲜明、独特的作品风格来拓展幼儿创作思路，达到欣赏、表现美的目的。同时也能让幼儿进一步了解中华艺术宝库中的各种奇葩，懂得欣赏、热爱我们的民族艺术。

2. 脸谱是中华民族艺术中的瑰宝，它浓烈的色彩，鲜明的艺术风格很容易吸引幼儿，因为这样的内容正符合了幼儿对色彩敏感的心理特点。同时，脸谱中优美流畅的线条，让幼儿绘画的笔触变得灵活，脸谱中明显的对称结构强化了幼儿意识中的对称概念。

大班美术区：美丽的中国结

活 动 背 景

中国结是一种中国特有的手工编织工艺品，它身上所显示的情致和智慧正是中华古老文明的一个侧面。大班幼儿在平时系鞋带、编辫子的活动中，手部肌肉和手指的灵活性得到了锻炼，已具备一定的编织经验。同时，由于编结活动的材料容易收集，价格相对便宜，可运用这种简单的材料，由易到难，层层递进，对幼儿创造潜能的开发和审美情趣的培养具有较高的教育价值。

图 8-17　美丽的中国结

活动目标

1. 通过欣赏、操作、分享等活动，萌发对中国结的喜爱之情，乐于参加编结活动，能耐心地完成作品，体验动手制作的快乐。

2. 能根据自己的意愿选择材料，大胆编结。能主动收拾整理材料，自主欣赏自己和同伴的作品，并进行交流和分享。

3. 了解中国结的种类、用途、寓意及简单的制作方法。

材料投放

各种关于中国结的PPT，编结材料（彩绳、彩珠、穗子），编结图谱，背景音乐等。

使用与玩法

1. 欣赏区：观看制作中国结的视频，欣赏各种各样的中国结图片。

2. 制作区：根据编结图谱，运用编结材料进行操作。

3. 语言区：自信大胆地向同伴介绍自己的作品。

观察与指导重点

1. 欣赏区：重点引导幼儿感受不同中国结的色彩美和图案美，了解不同中国结的寓意。

2. 制作区：重点引导幼儿根据图谱，根据自己的需求，选择适宜的材料，进行扁平结、螺旋结等的编织。

3. 语言区：引导幼儿主动大胆地与同伴分享交流自己的中国福作品。

活动延伸

幼儿园可邀请家长参与中国结的收集制作，利用晨间活动开展"美丽的中国结"晨会活动，幼儿和教师一起用中国结作品布置幼儿园环境，幼儿之间进行交换中国结的馈赠活动。

活动反思

中国结是中华民族艺术中的瑰宝，具有较高的艺术和审美价值，被广泛地应用于大家的生活中。幼儿通过制作中国结，锻炼了动手能力和专注力，同伴之间的作品交换，增强幼儿的社会性交往能力。

第四节　幼儿园其他活动中的案例

对于幼儿而言，民间艺术就是动脑、动手、动身的艺术。以丰富多样的民间艺术游戏为载体，运用多样的手段，把各种民间艺术形式巧妙地融合在一起，把幼儿民间艺术教育渗透到幼儿一日生活中，从而给幼儿以真的启迪、善的熏陶、美的享受。

小班亲子活动：美丽的手帕

活动背景 ·· 扫码观看游戏视频

扎染，是中国传统染色工艺之一，有着1500年的历史，是用线将被印染的织物打绞成结后进行印染的一种印染技术。扎染作品色彩艳丽，图案变化无穷，对幼儿具有强烈的吸引力。

小班幼儿对色彩艳丽的物品非常感兴趣，但其手指小肌肉尚不能自如地控制手指做精细的活动，基于其身心发展特点，教师充分挖掘民间文化艺术的教育价值，开展有主题的亲子活动，一方面能发展幼儿小肌肉群，锻炼幼儿手指的灵活度；另一方面能促进家园联系，增进亲子情感交流。

图 8-18　美丽的手帕（步骤1：制色）

图 8-19　美丽的手帕（步骤2：扎形）

图 8-20　美丽的手帕（步骤3：上色）

图 8-21　美丽的手帕（步骤4：晾干）

活动目标

1. 感受扎染作品的美，了解扎染"先捆扎、再染色、最后晾干"的制作方法。

2. 与家长一起大胆进行操作，能积极向同伴展示和介绍自己的扎染作品。

3. 对扎染活动产生兴趣，体验与家长一起制作扎染手帕的成就感和乐趣。

活动准备

　　用不同方法制作的扎染作品若干、扎染手帕制作示意图、白色手帕、各色染料、牛皮筋数根、清水、棉签、盘子、桌椅等若干。

活动过程

基本玩法：

步骤一：调色。家长和幼儿选择喜欢的颜色的染料，将其和水混合，自己调节浓度，制成各色染液，装在小盆中备用。

步骤二：扎形。家长与幼儿商量喜欢的花样，将白色的手帕扎成各种形状，如长条形、圆形，或者三角形。总之，扎得越结实越密，颜色渗透越少，图案也就会越清晰。

步骤三：上色。引导幼儿用棉签沾染料，一点一点地给扎好的白色手帕上色，鼓励幼儿一定要耐心地一点一点地上色。

步骤四：晾干。均匀地上色之后，晾干或吹干后，打开扎的橡皮筋，作品完成。

步骤五：分享。家长和幼儿开展集体、小组，或个别的作品分享交流。

创新玩法："布贴画"。在亲子扎染"美丽的手帕"后，可以将手帕剪成自己喜欢的图案和形状，用画框进行装裱，装饰家里的墙面。

活动反思

扎染是中国民间传统艺术，多数人是通过电视媒体等途径了解到这项艺术，对它的认识大都停留在表面，最多是在生活中见到过一些用扎染工艺制作的生活用品，对其制作工艺和流程并不清楚。有鉴于此，活动开始前教师在教室里呈现了大量的扎染作品图片，也让家长上网查阅相关资料。活动中，为了让幼儿在体验玩颜色的乐趣的同时保证扎染效果，教师对上色的工具进行了调整。根据小班幼儿小肌肉动作的发展水平，教师提供了吸管这个工具，以便幼儿在家长的引导下，能较均匀地独立进行上色，从而获得成就感。

小班餐后活动：美丽的折扇

小班幼儿手部的小肌肉发展较慢，协调能力一般，通过在白色蒲扇上进行涂一涂、画一画的游戏，既可以锻炼幼儿手部的小肌肉动作发展，也可以选择自己喜欢的颜色进行装饰。涂色游戏开展的灵活性较大，对场地、材料没有严格要求，适合在一日活动过渡环节进行，将此类游戏安排在餐后活动中最好。一方面可以丰富幼儿的知识经验，传承中国传统文化。另一方面有利于幼儿手部小肌肉动作的发展，以及手眼协调能力的培养。

图 8-22　美丽的折扇

活动目标

1. 根据已有的涂色经验，装饰白色折扇。
2. 能根据自己喜欢的颜色进行涂色游戏，能沿着图形边缘从上往下一笔一笔的涂色。
3. 在涂一涂、画一画中，锻炼手、眼、脑协调并用的能力，享受涂色的乐趣。

活动准备

折扇若干把、幼儿座椅、排笔、水粉颜料。

活动过程

基本玩法：

每位幼儿选择一个相对独立的环境，利用折扇，进行"涂色"游戏。幼儿可以选择喜欢的颜色依照扇面上的图形进行涂色，也可以自己画图形。

创新玩法1：提供不同材质的纸张，废旧的报纸、挂历纸、印刷纸，引导用纸幼儿撕出不同形状的图案粘贴在折扇上。

创新玩法2：提供不同颜色，不同图案的小贴纸，幼儿根据自己的喜好，将贴纸粘于扇面上。

活动延伸

此类活动可在户外活动、家庭亲子活动时组织。

活动反思

涂色是幼儿最喜欢的一种游戏活动，教师将涂色与折扇制作相结合，通过观看中国传统艺术品折扇，感受经典美、传统美。把涂色活动融入一日活动中，在午餐后的活动时间给幼儿投放大量的半成品，让幼儿从自由自在的尝试，到在老师的指导下画出图形，既锻炼了幼儿各方面的能力，又增加了师幼互动。同时，教师增加了小贴纸这种材料，让孩子在体验传统绘画工具的同时，又丰富了作品内容。

中大班混龄游戏：有趣的蛋壳

活动背景

我国民间有用色彩涂于蛋壳上煮食美食的习俗。民间生子送喜蛋习俗，即由得子人家把蛋染成红色或勾画剪贴上花纹送与亲友、邻里分享。描绘民俗传说、花鸟人物的小小蛋壳画好似浓缩世界于蛋壳之上玩味无穷，令人喜爱。

图 8-23 有趣的蛋壳：蛋壳画

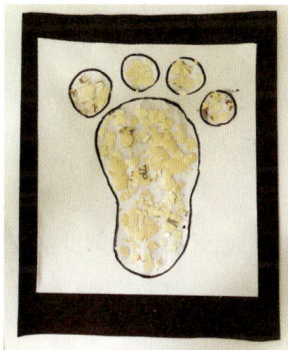

图 8-24 有趣的蛋壳：蛋壳贴画

图 8-25 有趣的蛋壳：不倒翁

活动目标

1. 感受手工作品"蛋壳画"的美，了解蛋壳画的制作方法，知道可以利用生活中的废旧物品制作玩具。

2. 了解蛋壳粘贴画特殊的花纹，并且用排刷均匀涂色，进行印画。

3. 体验与哥哥姐姐一起游戏的乐趣，在游戏中互相帮助，操作结束后共同整理收拾。

活动准备

蛋壳、水彩笔、抹布、水桶、彩纸、剪刀、水粉颜料、水粉笔等。

活动过程

基本玩法：

步骤一：选择同伴。幼儿自由结伴，选择合作同伴，讨论如何分工在蛋壳上进行绘画。

步骤二：同伴合作。幼儿两两一组，利用蛋壳进行绘画，大班幼儿首先在蛋壳上绘制图案，中班幼儿进行上色，等颜色干了，再利用彩纸等辅助材料进行装饰。

步骤三：分享交流。将每组的作品分别排列在空旷地，每组派一个幼儿代表讲解本组的作品。

创新玩法1："不倒翁"。先在蛋壳内装进少许沙或橡皮泥，再用纸做成帽子或头发贴在开口处，然后用笔画出人的形象。

创新玩法2："蛋壳贴画"。幼儿互相合作，先将蛋壳敲碎，大班的幼儿先在卡纸上画出有趣的图案和花纹，中班幼儿将敲碎的蛋壳，依照图案进行粘贴。

活动延伸

此类活动可有机应用于其他手工活动中。教师投放其他的材料（扣子、种子等），让幼儿在混龄区域活动中进一步感受体验合作游戏的乐趣。

活动反思

蛋壳画是一种传统的民间文化艺术，它融绘画与制作为一体，幼儿通过观察、思考、设计、制作，想象力、创造力和动手能力都得到了发展。同时，蛋壳是生活中被遗弃的东西，通过活动，能让幼儿知道，生活中不仅能变废为宝，还能装饰美化我们的生活。大带小的活动，也让幼儿体验合作制作蛋壳画的成功感和愉悦。

大班跨班游戏：打溜子

扫码观看游戏视频

活动背景

"打溜子"是湖南土家族极具民族特色的一种打击乐表演形式，演奏中通过大锣、小锣和头钹、二钹之间的配合反映生活，这种来源生活而又反映生活的独特表现形式是孩子们喜爱的。考虑到其中的技术难度，教师结合"小狗看门"的游戏情境，让幼儿运用了杯子、勺子、盘子等生活用品来演奏表现，来一场"小狗"和"陌生人"之间的较量。

图 8-26 打溜子

活动目标

1. 感受、体验表演"打溜子"，尝试根据教师的节奏、动作、表情，演奏出"小狗看门"的情境。

2. 能根据"小狗看门"的情境，仔细倾听、观察教师演奏的节奏型、丰富的肢体动作和表情，并进行模仿。

3. 感受运用土家族"打溜子"艺术表现形式，体验利用生活物品进行演奏的乐趣。

活动准备

熟悉土家族风土人情，了解"打溜子"的艺术表现形式，杯子、勺子若干，饭勺、盘子各一个。

活动过程

基本玩法：

幼儿围成圆圈面向圆心，教师站在圈内，人手一个杯子一把勺子，教师扮演"陌生人"，幼儿扮演"小花狗"，助理教师站在场地的旁边，手拿饭勺和盘子。助理教师敲打出"准备开始"的指令，"陌生人"敲打节奏说：我是陌生人，想要进家门，"小花狗"敲打同样的节奏说：我是小花狗，坐在大门口。接着"陌生人"配合不同的肢体动作、表情敲出不同的节奏型，"小花狗"进行模仿；当助理教师敲打出连续不断的声响，所有人放下手中的物品原地转圈；当助理教师重重的敲打一声，"小花狗"手拉手围好圆当门，"陌生人"找没有关紧的门跑进去。

创新玩法：提高游戏难度，请一位幼儿站在圈内当"陌生人"。

活动延伸

此类活动可在户外活动、家庭亲子活动时组织，可引导幼儿根据不同的故事情境玩"打溜子"游戏。

活动反思

幼儿本身对敲敲打打就很有兴趣，能运用生活物品当乐器进行演奏，孩子们更加喜爱，我们赋予了奏乐活动一个"小狗看门"的情境，使幼儿的情绪更加高涨，参与度更高。在游戏中，不仅锻炼了幼儿的倾听能力，还培养了幼儿的观察模仿能力。幼儿基本上能根据教师的表演演奏出相应的节奏型，并努力模仿教师丰富的肢体动作和表情。

大班亲子活动：龙舟

活动背景

赛龙舟，是端午节的主要习俗。早在战国时代就有了，是一种竞渡游戏，以娱神与乐人，体现了团结合作的精神。大班幼儿的合作能力明显提升，基于其身心发展特点，充分挖掘民间文化艺术的教育价值、家长资源和材料资源，开展有主题的亲子活动，一方面能发展幼儿动手能力，培养幼儿想象力和创造力；另一方面能促进家园联系增进亲子情感交流，促进社会性发展。

活动目标

1. 感受手工作品"龙舟"的美，了解龙舟的制作方法，知道可以利用生活中的废旧物品制作玩具。

2. 与家长一起大胆进行操作，能积极向同伴展示和介绍自己的作品。

3. 对手工活动产生兴趣，体验与家长一起制作龙舟的成功感和快乐。

活动准备

划龙舟视频；龙舟图片；若干纸盒；铁丝；碟片；金银纸；卡纸；乳白胶；双面胶等。

活动过程

基本玩法：

步骤一：讨论商榷。家长和幼儿讨论收集的废旧物品可以分别用来制作龙舟的哪些部位。

步骤二：分工制作。8个家庭组合成一组，龙头、龙尾由家长制作，可以利用牛奶盒、纸盒、铁丝等制作龙头、龙眼、龙角、龙须、龙尾。龙身由幼儿制作，2个幼儿为一组，将双面胶粘在光碟碟面上，然后按龙鳞排列状，贴在纸盒两侧。

步骤三：展示分享。将每组的作品分别排列在空旷地，每组派一个家庭代表讲解本组的作品。

创新玩法1："舞龙舟"。每组利用制作的龙舟，伴随着音乐进行"舞龙舟"。

创新玩法2："赛龙舟"。在亲子手工制作"龙舟"后，将龙舟底部加上线圈套，每组4对线圈，分成人、幼儿两组，进行"赛龙舟"比赛。

活动延伸

此类活动可有机应用于户外区域活动中。教师投放亲自制作的龙舟，让幼儿在区域活动中进一步感受体验团结合作。

活动反思

龙舟是中国传统节日端午节特有的一种庆祝形式，富有显著地域文化特点的亲子活动，让幼儿在游戏中，寓教于乐，在观察操作过程中形成认知。幼儿通过体验制作龙舟的过程，从造型、颜色等方面展示传统节日的艺术文化特色，潜移默化的了解节日习俗。为了活动的开展，活动前，我在教室里提供了大量的龙舟作品图片和视频，也让家长上网查阅相关资料。活动中，为了让幼儿体验制作龙舟的成功感，我进行了分组合作，让家长完成比较复杂的部分，让幼儿在与同伴、与成人一起制作龙舟的过程中，体验合作的愉悦，进一步增进亲子之间的感情和家庭之间的互动。

案例设计

请您思考以下艺术类游戏适合在幼儿园什么环节开展，并设计相应的活动案例，对该游戏进行创新。

游戏名称：风车

游戏目标：体验玩风车的乐趣，发展动手能力。

游戏准备：吸管或细木棒，正方形纸片。

做法及游戏玩法：将正方形纸片的四个对角剪开一部分，向中间黏合，先将大头针从黏合处插入，再固定在吸管口（或细木棒）上，风车就做好了。抓住风车吸管（或细木棒）下端向前跑，风车叶片就会转动起来，跑得越快，风车转得越快。

1．曹中平．儿童游戏论——文化学、心理学和教育学的三维视野［M］．银川：宁夏人民出版社，1999

2．丁海东．学前游戏论［M］．济南：山东人民出版社，2001

3．刘焱．儿童游戏通论［M］．北京：北京师范大学出版社，2004

4．庞丽娟主编．文化传承与幼儿教育［M］．杭州：浙江教育出版社，2005

5．郭泮溪．中国民间游戏与竞技［M］．上海：上海三联书店，1996

6．王海燕．浙江民间文化与幼儿园课程［M］．杭州：浙江大学出版社，2011

7．王桂华主编．中国民间游戏［M］．上海：上海教育出版社，2000

8．智学，张建岁．民间游戏在幼儿园活动中的应用［M］．北京：高等教育出版社，2012

9．曹中平等．乡村幼儿游戏课程开发与研究［M］．海口：海南出版社，2008

10．罗红辉．玩转童年——幼儿园民间传统游戏资源创新运用［M］．长沙：湖南教育出版社，2016

11．柴明佳．民间游戏在幼儿园中的开发与利用个案研究[D]．西南大学，2008

12．刘婧．民间游戏在幼儿园教育活动中的应用研究［D］．西南大学，2011

13．莫晓超，李姗泽．民间游戏资源在幼儿园活动中的运用及其策略

［J］. 学前教育研究. 2006（9）

14. 冯林林. 幼儿园民间游戏课程的构建［J］. 学前教育研究, 2010（3）

15. 李姗泽. 学前教育应重视中华民族优秀传统文化——论民间游戏在幼儿园课程资源中的地位和作用［J］. 课程·教材·教法, 2005（5）

16. 赵娟. 民间游戏在农村幼儿园活动中的开发与利用［J］. 教育教学论坛, 2014（33）

17. 刘传莉, 王元凯. 幼儿园艺术教育课程利用民间童谣的价值、原则和方式［J］. 早期教育（教师版）, 2012（6）

18. 虞永平. 文化、民间艺术与幼儿园课程［J］. 学前教育研究, 2004（1）